许子谦 米卡 著

爆棚

营销**快速变现**的 **29**个法则

中国 友谊出版公司

图书在版编目（CIP）数据

爆棚：营销快速变现的29个法则/许子谦，米卡著. —— 北京：中国友谊出版公司，2020.3
ISBN 978-7-5057-4874-3

Ⅰ.①爆… Ⅱ.①许… ②米… Ⅲ.①品牌营销 Ⅳ.①F713.3

中国版本图书馆CIP数据核字(2020)第040835号

版权登记号：01-2020-1533

中文简体版通过成都天鸢文化传播有限公司代理，经大雁文化事业股份有限公司大写出版事业部授予北京时代华语国际传媒股份有限公司独家出版发行，非经书面同意，不得以任何形式，任意重制转载。本著作限于中国大陆地区发行。

书名	爆棚：营销快速变现的29个法则
作者	许子谦　米卡
出版	中国友谊出版公司
发行	中国友谊出版公司
经销	北京时代华语国际传媒股份有限公司　010-83670231
印刷	唐山富达印务有限公司
规格	880×1230毫米　32开
	9.5印张　150千字
版次	2020年3月第1版
印次	2020年3月第1次印刷
书号	ISBN 978-7-5057-4874-3
定价	42.00元
地址	北京市朝阳区西坝河南里17号楼
邮编	100028
电话	（010）64678009

序 一

从事营销工作可以让你保持年轻！这种年轻也许很难让人在外表上看出端倪，但在你心理上一定会得到全面体现。

因为科技变化得很快，新体验、新平台、新技术不断涌现也不断被淘汰，我们必须不断学习新技术，不断打破旧传统，不断接触比自己更年轻的人，才能持续保有产品的竞争力。我很难想象有哪个行业能像数字广告一样，持续带来将近二十年的冲击与热情，而且在工作中总是不断创造出最新、最流行的议题。

但在本书真正开始之前，我想先说一件非常私人的事：其实我并不是那么喜欢广告。

虽然我担任广告奖的评审，也出版了这本与广告营销有关的书，目前也拥有三家相关企业的股权（算是赖此维生）。但我喜欢的广告与营销，终究不是"能帮我的客户卖掉更多的东西"，而是"该怎么帮企业解决问题"以及"如何通过创意，让消费者爱上品牌"。

我想应该没有人喜欢被"推销"吧？例如：每隔几天就打来问你有无资金需求的营销电话，好久不见的朋友约喝咖啡，却莫名聊起了被动收入（直销／投资），或是某大婶贪图你的美貌，自顾自地聊起某位年纪和你差不多、收入不错、孝顺父母、有房又有车的异性……白眼都默默翻了三圈。

面对品牌或是商品时，我们向往的永远是"自由恋爱"。我之所以喜欢这个品牌是因为"它"真的很美，质感很棒，搭我的气质，符合我的身份，带给我感官上的愉悦，或是因为能够帮我提升工作效率，提高我的生活质量而买下它。而且更重要的是，我负担得起，也能尽可能地"对得起地球"。

不管是"失心疯"还是理性思考，我们因自由意志而爱上某物、选上某物，而且对方也和我相匹配，符合我所需要的。我们互相了解，这才是真正的快乐，是长久在一起的"自由恋爱"。

只不过，事与愿违。

比起自由恋爱，现实中的状况是：营销任务通常是为了提升业绩而服务的。为了让消费者慢慢地爱上品牌，你被迫进行说服与销售，做出连自己都想直接跳过或关闭的广告；或是被迫滥用自身的才华，比如：用花言巧语来包装那些产品；用视觉技巧去煽动消费者的心智；把只能假唱的偶像派艺人包装成实力派；编出一些品牌故事，然后隐恶扬善、避重就轻地做着宣传，让消费者最终买下许多根本不需要，或是实际上并没有那么好的东西。这对我来说多少有点罪恶感。

撰写本书的初衷，是希望每个人，不管是卖方或买方，都能在互联网营销的世界中"自由恋爱"，细心观察从创意到技术等领域的各方面，能够帮助我们更了解社群时代的消费者和那些厉害的品牌，并通过许多历经时间的沉淀，仍可适用于今的营销案例与思维，去打造更受欢迎的真正的自己。

由于这本书同时着重逻辑思考与心理因素，在营销职场以外也可能对你有所帮助。很适合闲暇之余，随手翻阅几个精彩的案例。当然，就它的尺寸和厚度而言也非常适合拿来垫着你刚热好的午餐（如果你没有洁癖或收藏书本的完美主义，我其实并不介意）。

桑河数字暨《Motive 商业洞察》创办人

许子谦 Johs（许叔叔）

序 二

你相信吗，我家有人不会使用电视机！应该说"是只会用传统的电视机"。现在的电视机变得"太有智慧"了，我家人常常因为不小心碰到了某个按钮，就瞬间迷失在充满噪声的画面之中，全然不知该如何解决这个状况。所以他们就只好装无辜地隔空大喊："怎么电视又不能看了？"

原本只要会开关机、选台、重设大小声，就可以窝在沙发里，随心所欲地看一百多个台的电视节目，由于互联网时代的到来，瞬间有了各种讯号来源，有第四台、MOD，还有Apple TV，或是可安装YouTube、Netflix、Spotify等App的Android TV，再加上镜射Mirror等功能，随便一个像样的电视遥控器，连同数字键在内就有超过五十个按钮，这还不包括每个不同讯号来源都配有的一个遥控器。你说，要一个习惯传统电视操控方式的人，一下子要学着面对这么复杂的改变，是不是有点难度？

到了互联网时代，如果我们连简单地看个电视都变得如此复杂，更何况专业的营销。没错，我就是要你感受到"不管你喜不喜欢，互联网时代的品牌营销都在悄无声息地逼迫你前进。你可以装傻不理它，但作为偷懒的代价，你可能从此就只能眼巴巴看着时代的车尾灯弃你而去。"更糟的是，它还没打算稳定下来，还在不安分地持续变形中。

还好，这世上还是有许多好案例的。那些敢于尝试、摸着石头过河的品牌，作为先驱者，不断试验出迎合这个时代的方法，帮我们开辟了一条全新的道路。不学？多可惜！

在这本书中，我们精挑细选了将近上百个来自全球各地的案例，可以说是打包了这些年Johs与我想和大家分享的大部分内容。一共五个章节，分别是：

第一章：消费者与你想的不一样；

第二章：如何让观众主动选择你的品牌；

第三章：营销和欺诈，常常仅有一线之隔；

第四章：旧的营销模式能够教会我们什么；

第五章：消费者究竟喜欢什么样的品牌。

眼尖的读者，应该已经看出了我们想把"消费者摆中间"的企图。原因是，因为网络、科技、生活习惯，造成消费者行为和20世纪有了巨大的改变，如果品牌主不弄懂"为什么"，在面对不断冒出头（同时也不断消失中）的新科技的时候，品牌便只会在"什么最热门，就做什么"的状况中自乱阵脚，结果到最后做出了一堆错误的决定。如果你没有本钱像那些大品牌一样可以不断试错，可以先试着了解一下你的消费者。

我们在这本书中想要强调的是观念，而不是技法。举一个例子：你一定知道《米其林指南》这本由卖轮胎的品牌所推出的书籍吧，它不仅持续更新了100年，成为饕客心中的美食圣经，而且还是公认的内容营销的祖师爷。如果你把米其林指南拆解开来，就会发现它具有"运用自媒体（指南书）、产出顾客想要的价值（美食评比内容）、持续更新（年鉴）"的特点，这不就是在这几年成为营销主流的内容营销模式吗？照理说，这么成功的营销模式，应当在20世纪就已经成为所有品牌模仿的典范，但为什么找不出第二个？一直到这几年，内容营销才又复兴了起来，为什么（如果你对这个话题有兴趣，你可以在书中找到一些蛛丝马迹，或者我们也可以好好讨论一下）？

看这本书的时候，你可以很轻松地选择你喜欢的章节看，跳着看，或是选一个你熟悉的品牌或品类看，对照思考一下，台湾的某些产品与这本书中所讲品牌的营销在做法上有哪些差别，思考一下是什么让他们有了和过去不一样的观念，又是什么洞察发现让他们做出了这样的决定。

希望这本书能带给你一些启示！

米卡

目　录

第一章　消费者与你想的不一样 ……………………001
　第一节　《三只小猪》里的狼做错了什么 …………001
　第二节　新旧交替：互联网时代的品牌思维有
　　　　　什么不同 …………………………………006
　第三节　如何应对挑战 …………………………009
　第四节　如何互动协作 …………………………023
　第五节　敢于主导 ………………………………035

第二章　如何让观众主动选择你的品牌 ……………048
　第一节　如何引发观众的共感 …………………049
　第二节　如何引导消费者购买你的产品 ………053
　第三节　如何让消费者感受到你的千言万语 …056
　第四节　如何抓住每一个隐形的营销机会 ……064
　第五节　怎样做到话不多说，却能表达更多内容 …067
　第六节　如何创造被分享的可能 ………………081
　第七节　品牌如何帮消费者找话题分享 ………090

第三章　营销和欺诈，常常仅有一线之隔 …………097
　第一节　消费者到底为什么买下它 ……………097

第二节　消费者希望从品牌中得到什么 …………110
第三节　盈利品牌做公益 ……………………122

第四章　旧的营销模式能够教会我们什么…………164
第一节　怎样充分利用社群营销 ……………164
第二节　消费者愿意帮品牌做什么 …………169
第三节　品牌忠诚到底有什么用 ……………181
第四节　究竟，怎么操作社群营销 …………203
第五节　那些年，我们一起追的内容营销……224

第五章　消费者究竟喜欢什么样的品牌……………246
第一节　不一样的营销思维 …………………246
第二节　怎样抓住对的感觉 …………………252
第三节　实体活动是为了什么 ………………256
第四节　如何全方位地与消费者沟通品牌价值…262
第五节　怎样让消费者喜欢你 ………………268
第六节　务实路线的正确行走方式 …………274
第七节　怎样让促销变得有意义 ……………277
第八节　如何察觉出消费者的核心需求 ……289

致　谢 ………………………………………………292

第一章 消费者与你想的不一样

第一节 《三只小猪》里的狼做错了什么

从前,森林里住了三只小猪,长大后,这三兄弟要自己盖房子,以避免被大野狼吃掉。猪大哥最懒惰,随便筑了间茅草屋。当大野狼来时,它只花了一口气就把草屋给吹翻了。猪二哥心想,既然茅草屋不行,盖间木屋总足够抵挡狼了吧!却也被大野狼用两口气给吹坏了。只有猪小弟,它用心地筑了间砖瓦屋。最后这三只小猪都在坚固的砖瓦屋里避难,才使得大野狼无可奈何地离开。

2012年,英国《卫报》将大家耳熟能详的三只小猪寓言故事改编成符合互联网时代发展的影片,作为符合自家品牌形象的广告:

● 影片一开始,报纸头条刊载着:《大野狼遭三只小猪活煮》(Big Bad Wolf Boiled Alive)。起因是大野狼侵入第三间小猪民宅时,三只小猪为了保命,合心奋力擒住大野狼,并把它丢进大水缸里活活煮熟。

● 新闻曝光后,网络上网友的正反意见激烈交锋着。有人认为大野狼已经吹倒两家房屋，活该被煮；有人认为狼也该有"狼权"，无论如何，三只小猪不得未审先判、动用私刑。

● 司法机关也开始着手检验查看"财产保护法"是否需要修改。

● 随着越来越多的消息揭露，有人发现"曝光后的监视器画面里，大野狼疑似有气喘病"。这引发网友们的挑战精神，推测疑似有气喘的大野狼，其肺活量应不足以吹倒房子！甚至媒体也开始分析报道，即使是身体健康的野狼也无法轻易吹倒茅草屋或木房子。会不会大野狼才是真正的受害者？案情一定不单纯。

● 真相急转直下：法院判决，三只小猪是因为缴不出房贷才铤而走险的，利用大众对童话故事大野狼吹倒三只小猪房子的偏见，诬陷大野狼，企图诈领保险金。

● 这个事件到最后，踩到英国社会大众的共同痛点："因经济萧条，缴不上房贷"。此议题挑动英国民众的敏感神经。

这则影片在短短的几分钟内，就把互联网时代的好几个现象描述得淋漓尽致：只看片面信息，也不管真相是什么，就对自以为是的"事实"做出反应；任何议题都可以找到支持或反对的理由；只抓住事件中的某一论述点，便开始无限上纲上线……

▲片面信息，往往得出与事实相反的答案。

《卫报》以很不广告的形式来顺应时代发展，以"看见事件的全貌"为主轴，将专属于这个时代网友们特有的行为，做出完整的诠释。这让即使是身处在台湾的我们，对于这则影片的故事发展模式也并不陌生。

类似的剧本，在台湾也同样上演着。2016年，相机大厂尼康的台湾代理商国祥贸易与网络论坛巨头mobile01（mobile01是台湾一家专门讨论各种移动电话、移动设备、3C等产品和介绍台湾各景点的综合社区。）都是一方霸主。国祥觉得mobile01对自家相机的评测不公，且长期偏袒他牌相机；而mobile01则认为，厂商的手不能伸进媒体，尊严不容践踏。双方就在自家媒体上互相指责对方，各说各理，引发了网友论战。

事件起因于国祥在自家官方Facebook上写道："为什么mobile01看不到D5＆D500的评测？（作者注：D5＆D500为尼

康相机型号）其实尼康并未收到mobile01需借测的信息。"等不到Mobie01的秋波，国祥便决定自己来做，公开招募普通用户撰写尼康相机的评测文章。这原本是品牌自己的事，却意外揭开一场第三方评测单位与品牌之间的内幕。

因为国祥这一番说辞，Mobile01不甘闷声挨厂商的批评，于是也直接在自家媒体上，用吉姆林账号刊登了一篇名为"合作与否是厂商的自由，但媒体尊严不容践踏！"的文章，"义正词严"地反击此次争端。内文不但详细解释了"为什么自2016年1月后便再也没有报道过尼康任何产品"的来龙去脉，还公开附上双方往来的内部信件，请网友公评"到底是谁对谁错"。

根据mobile01的说法，国祥主观认定mobile01的产品评测文章偏袒它的竞争者佳能，而吉姆林于文中也强硬答辩："编辑部在mobile01内是完全独立的部门，不会有因为受到广告厂商的压力而影响到测试内容的状况发生。"文末写下"合作与否是厂商的自由，但媒体尊严不容践踏！"的狠话之后，任由看热闹的网友，在两天内将讨论帖的回复跟帖热炒到超过了一千一百多则。

在这长长的回帖中，有网友看好戏地跟着mobile01大骂国祥贸易不够大气；但也有网友看不惯编辑的行为，竟然将内部文件公开，破坏合作诚信；更有网友扮起柯南，把该作者过去写过的文章中有关尼康和佳能不中立的用词拿来逐一比较一番，试图证明国祥贸易的顾虑并非空穴来风。

如何，以上情节是否与《卫报》的三只小猪影片很类似？这种"随着事件发展，有人支持，有人反对，更有人挖出别人没发掘的真相，最后变成大众关注，甚至改变规则"的现象，不管你喜不喜欢，这就是品牌在21世纪所面临的处境。

请想象一下，如果我们把同样的事件放在2000年以前，绝对不会这样发展。因为当年没有社群媒体，没有可以不通过大众媒体便能使品牌发声的自媒体以及好事的网友搅局，mobile01与国祥贸易的事件在当过去顶多会演变成厂商与媒体双方当事人的私下相互抱怨，然后惊动了高层来出面协调，最后平和落幕，成为相机圈中流传的"乡野传奇"戏码。就算是一方不吐不快，想要诉诸大众公评，也得大费周章办场记者会才行。即使记者会办了，那也还得看记者朋友捧不捧场、对这议题感不感兴趣来决定是否曝光。这样的改变，正是旧时代与互联网时代最大的差异之一。

当所有人都察觉到消费行为已经改变了，如果品牌不懂得如何顺应时代，被淘汰只是早晚而已。

第二节　新旧交替：互联网时代的品牌思维有什么不同

Google：用科技实现四十年前的梦想

最能说明新旧品牌思维差异的方法，就是"同一个产品，用不同的营销方式来呈现，会得出什么不一样的结果？"这个有趣的命题，通常没什么机会被验证，更无从知道答案。但Google在2011年年底成立了一个名为"Re:Brief"的项目，刚好有机会让大家一探"同一商品、相同概念，传统营销vs互联网营销"的差别。

Google利用新的科技，在相同沟通目的的前提下，重新解构、诠释20世纪六七十年代的美国经典广告。这系列一共有四个品牌：Coca Cola、Volvo、Alka-Seltzer以及Avis。在概念上，Google想要让过去的经典，从原本的电视或是平面广告等那些只能单向地与消费者沟通的广告呈现方式，转换为开始利用网络互动的特性，融合诸如社群媒体、手机、网络等数字时代的新科技，将当年广告需求的目的，也就是我们俗称的Brief重新诠释，让经典在荧幕再现。

《Hilltop》是可口可乐在1971年所拍摄的广告。当时可口可乐想传递的信息是："让世人知道可口可乐不但在全世界畅销，同时也让你我之间的关系更热络。"在这个诠释的前提下，当年的创意总监比尔·贝克（Bill Backer）在机场等候班机的空当时，在餐巾纸上写下了"我要请全世界喝一瓶可乐"（I'd Like To Buy The World A Coke）的经典广告词，再以这句话为出发点，发展出了举世闻名的可口可乐广告歌。

在广告影片中，来自世界各地的人，拿着当地包装的可口可乐，齐聚在意大利的山坡上高歌。只是"请世界喝可乐"的概念，碍于技术发展之故，在四十年前仅停留在口号上，观众们只能看着电视机自行想象"有人想请我喝可乐"的画面。

▲ 利用科技，重新诠释"请世界喝可乐"。

到了21世纪的今天，Google找了当年参与创意发展的艺术总监哈维·加博尔（Harvey Gabor）共同合作，通过科技与网络，让你"请世界各地的陌生人喝可乐"的这个梦想得以实现。

这个理念是这样运作的：当你通过电脑、平板或是手机网页观看这部四十年前的经典广告时，在广告下方会出现一则Google横幅广告，询问你"要送某人一瓶可乐吗？"。在点击此横幅广告后便会跳出一个世界地图，你只要在地图上选择放置改装过的可口可乐自动贩卖机的地点（例如纽约、东京，或是布宜诺斯艾利斯等），填上你想要给对方的信息或是录一段影像，比如说：你想要将可乐送给位于纽约的某人，并写上"享受这瓶可乐"，系统甚至会帮你自动翻译成英文"Enjoy the Coke"，完全免除你关于语言障碍的担忧。

按下送出后，可口可乐就会演示一段"将你的祝福，从你的所在地飞到指定地点的自动贩卖机"的动画。当自动贩卖机感应到有人从机器前经过时，就会发出提示告诉那个人："嘿！有人要送你一瓶可乐。"当对方看到贩卖机的信息并点击后，便可得到一瓶免费的可乐，并且还能立即通过贩卖机用文字或是影像回复对你的感谢。同样地，对方也不用担心语言问题，Google会自动替他将想说的话翻译成你的语言。

可口可乐将相同产品的同一概念经过重新诠释后再前后对照，就是很典型的旧思维品牌与互联网时代品牌的差别。

你以为的不是你以为的：品牌与消费者的认知落差

如果我们用"Re:Brief"项目中的可口可乐案例，来检视台湾品牌是否随着时代演进而转变了思维，不难发现许多品牌的营销行为和策略，与品牌消费者认知之间的落差，实在大得惊人！

对"90后"消费者来说，适应互联网环境就像呼吸一样自然，不需要特意去学习。这也不是他们刻意为之，而是整个生态形塑而成的。但对现在仍掌管品牌的20世纪六七十年代的生产者来说，这些与过去不一样的消费者行为，已经由不得自己想不想理解或学不学习，而是不得不关注它们。

在本章节，我们想谈的重点就是：在互联网时代科技与网络的带动下，消费者行为的三个改变：

挑战、协作、主导。

这三个改变对于品牌营销的意义是什么？又该如何应对变化？如何发展营销策略？

第三节　如何应对挑战

消费者的第一个改变是：挑战。尽管索尼广告台词中说道："我的相机，散景好美丽，夜拍更精彩。"可网友就是有本事抓包：在mobile 01上踢爆索尼的TX9/WX5相机的广宣照片，不是用索尼的相机拍摄，而是使用竞争品牌佳能EOS 5D高阶单眼相机拍的。这就是最典型的挑战。

品牌在电视上老王卖瓜式地说自己多好、多棒，网友偏要自己来决定，从他的角度说你的产品，够好他才推荐，否则批评的力道绝不手软。

消费者喜欢挑战，不是因为吃饱了没事做爱找碴，而是因为现代信息获取太容易了，各方说法充斥网络空间，再加上品牌总是刻意在信息上涂脂抹粉，这让消费者比起广告，更愿意相信网友们的意见，尽管他们素未谋面。而adweek.com报道中的统计数字也十分符合这一现象，数据表明：仅有14%的消费者相信广告，却有78%的消费者相信素未谋面的网友的推荐。以前只有官方说法，或是即使有不同于官方的版本，也因为媒体只掌握在少数人的手里，让信息不像现在这般轻易地扩散。

现在不一样了，每个人都可以是一个"媒体"，凡是你Facebook上的朋友，都是你的基本观众。

你不需要是服装贸易的专家，你的一句话、转帖的分享文，都可以有自己的诠释。而且，只要你愿意，就可以找到各式各样不同立场、来源的信息。

面对消费者的挑战，品牌可以有两个对策：

● 用真心赢取消费者的信任。

● 满足网友们的挑战心理。

欲知其中奥义，你可以从以下案例中找灵感。

▲只要有一部照相机,你就可以成为一个媒体人。

一个不可思议的神奇事件是怎么创造出来的?

如果有人跟你说:"只要一张背影照,就可以在茫茫人海中找到她!"你信不信?你以为这需要大数据,或是超级计算机的数据库比对才行吗?在台湾,上PTT论坛求救,只要二十八分钟,用最老旧的人肉搜索,就可以让网友们替你"从背影就可以人肉到人"。

一位叫Roarwolf(哮狼)的网友,在PTT论坛上写道:

"求左边这位的联系方式啊!!! 不知道有没有神人可以靠背影找出来,脸有一点像林志玲……不过多了不少青春气息,走路给人的感觉有点像模特,虽然真的很穷,不过如果能够找到就全部奉上,感恩!!"

二十八分钟后,大神Z9就在PTT的Beauty版块上出来"解救"了他。

这样的事件，对有点营销敏感度的人来说，都会觉得这是个棒透了的手法。用最自然又低成本的方式，引爆了大众对事件中的当事人辜莞允（Nono）的认识和关注。

有关上述观点，从大神Z9的老婆在网络上对于艺人"鸡排妹"的回应就可以得到证实，她说背影事件后，的确有娱乐圈的人找上门来要求"制造神人"，但也坚决否认大神Z9曾经制造过"假事件"。

整个事件因为发生的过程与结果实在是太不可思议，所以它的讨论热度持续了很长的时间。

▲ 当事人自己在 Facebook 上承认"那人就是我"。

本书写下此案例的重点不在于讨论人肉搜索事件的真假与否，而在于这"创造了一个不可思议的神奇事件"。这样的沟通模式，实际上是特别适合于互联网时代的。

互联网时代的传播，早就不再倚靠传统的电视广告或平面媒体的轰炸，而是借助许许多多正式或非正式的、有公信力的大众媒体的帮助，抑或是凭借个人影响力来进行沟通。就因为如此，说一个好听的故事不再是品牌的主要任务，这个故事能不能被分享、被广泛传播，才是互联网时代的重点。而"不可思议的神奇事件"，就和广告里只要出现3B（Beauty,Baby,Beast）就有六十分一样，不一定能够拿到广告奖，但一定是个容易被讨论分享的好主题。

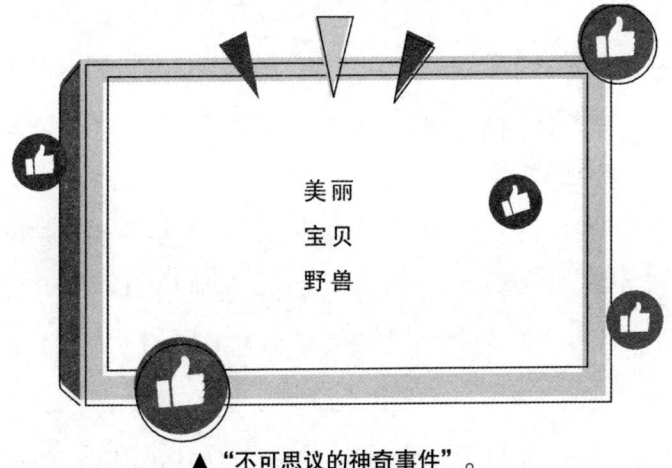

▲"不可思议的神奇事件"。

类似的不可思议的神奇事件，以"背影搜人事件"为例，都有如下几个特点：

- 看似荒谬的问题；
- 神解答；
- 众人拍案叫绝；
- 网络快速扩散分享的固定模式。

除此之外，还有吗？

一起去南部弄假牙？

韩文歌《坏女人》（나쁜여자야）也是一个典型的依循"不可思议的神奇事件"的模式而爆红的例子。

一开始，是有位网友在PTT论坛上发问：

"之前逛街听到一首韩文歌，前面听起来很像在埋怨什么事情的副歌的第一句是：到南部弄假牙～～好挤啊～～到南部弄假牙～～好挤啊～～副歌最后一句也是'到南部弄假牙'，觉得还不错，但是不知道该从何处找起。有没有人知道是哪一首韩文歌？"

八分钟后，这首歌一样被搜索到，开始在网络上被疯狂分享转发。这次，不但循着"不可思议的神奇事件"的模式在网上爆红，甚至还进阶成了新闻报道的题材。让"原本只在乡民间流传的笑梗"，经过大众媒体报道后，爆红升级为"到南部弄假牙"事件（答案揭晓：这首歌是韩国团体FT Island所唱的《坏女人》，副歌是这样发音的：你是个坏女人neon nappeun yeo-ja-ya，是不是很像'到南部弄假牙'呢）。

除了有共同模式之外，这类的不可思议，还不到令人匪夷所思的地步。但还有另一类不可思议是：

- 常理判断，根本不可能；
- 但因为你我皆凡人，我们做不到，不表示专家也做不到；
- 引发众人实验挑战，想证明"这是假的"。

比如下面这两个例子：

轻功水上漂，你会吗？

某位老外在社群网站宣称要发起一种新的极限运动。只要跑得够快、双脚像缝纫机一样快速移动、找到正确的入水角度、经过长期练习后，就可以像打水漂一样，实现在水上奔跑的梦想。关键是——穿上一双防水跑鞋！

用发球击落头上的罐子，可能吗？！

神射手用枪击中你头上的苹果不稀奇，但若用网球发球的形式还能打中，那才叫厉害。拥有二十座大满贯冠军头衔的网球天王罗杰·费德勒（Roger Federer），在广告拍片现场穿着西装一派轻松地对工作人员说："你只要确保不乱动，我就可以用网球发球的方式，击中你头上的罐子。"

为了真情实感，还是搞笑娱乐？

以上这两部影片的拍摄方式都像纪录片似的，内容一副很生活化的样子，不讲产品功能，也不像一般广告刻意露出品牌名。提到防水鞋的影片，特地取了一个《水上漂》（Walk On Water）的影片标题。网球天王费德勒的这部，则用广告片幕后花絮的形式，露出了品牌名吉列（Gillette）。这两部影片一经曝光，同样都引发了诸如"这是假的吧？""会不会是新的营销手法？""怎么可能？"等讨论。同时也创造了大量分享转发，在短时间内引起了大众注意。

"背影找人"这类"不可思议的神奇事件"，与《水上漂》这类"凡人做不到，但搞不好神可以"的"不可思议的神奇事件"还是有一些本质上的不同。

第一类，PTT论坛上的"背影找人"或是"到南部弄假牙"，比较像公关，贵在真，整个操作过程的关键，就是不能让人觉得这是个串通好的假事件，否则一切就都完蛋了。因为消费者，已经投入了自己的感情，入了戏，若是被拆穿是品牌营销的伎俩，反而会引起反效果。

第二类，《水上漂》或是费德勒参与的影片，比较像营销，旨在引起话题，真真假假不重要，有没有话题才是关键。因为这类影片有品牌在背后撑着，消费者反而可以理解，这是一种娱乐效果。

对策一：如何赢取消费者的信任

麦当劳：我们的食物，你们来提问

我们都知道，广告里的食物，永远比店里实际买到的更丰富、色泽更美丽，感觉更好吃。这个食品业不能说的秘密，就像国王的新衣，大伙儿看久了，都知道，只是不想拆穿罢了。

不过在加拿大的麦当劳，为了争取消费者的信任，架设了网站"我们的食物，你们来提问"（Our Food Your Questions），用来回复所有网友的与食品有关的问题，而且是真实、认真的回答。

例如，有网友提问："为什么广告里的汉堡和在店里买到的看起来不一样？"麦当劳解释称，"有几个原因使我们的食物看起来和实际购买到的不太一样，但无论广告中或是店里卖的食物，我们采用的都是相同材料。为了拍摄时的完美呈现，我们的专家会花数个小时来摆设食物，但在店里，我们务求快速送上热腾腾的快餐给消费者"，还特地拍了一段看起来十分合情合理的影片来说明。在这两种做法之下，的确会让产品外观产生明显差异。

除了上面的问题外，在"我们的食物，你们来提问"网站上，还有超过九千则的网友提问，包括"为什么麦当劳的鸡块这么小？""到底是用哪里的牛肉？"等各式各样的有关牛、鸡、蛋、薯条、配方、营养成分、生产制造等问题，加拿大麦当劳公司直至2017年（本书完成时）都未间断过这个网站的营运。

另外，麦当劳还有一个App，可以让消费者了解"吃进肚里的食物，食材都是打哪儿来的"。只要用智能型手机对准包装盒扫描一下，就会看到这个食物原料的生产履历。

我们对品牌的信任，来自于它的作为是否真实。但对有些品牌来说，说真话、把自己摊在阳光下，简直是自曝其短的致命行为，宁可扯一个没有人相信的谎，也不愿说出真相。所以说，品牌千万不要低估了消费者的智商，有时候适度承认不足，反而能赢取信任。

Bodyform：你无法承受的生理期真相

一个从小被Bodyform的广告荼毒的男生，一直以为女生"那个来"的时候，可以唱歌，跳舞，还会有蓝色的水与翅膀。但等他长大交了女友后才发现，完全不是那么回事，所以他上英国卫生棉制造商Bodyform的官网上投诉："你骗得我好惨啊。"

他在帖子上写道："嗨，身为男人我必须问，为什么你们要欺骗我们这么多年。当我还是小孩的时候，出于好奇看了你们的广告，让我以为对女生来说'那个来了'是件开心的事，可以享受许多快乐，像是骑单车、云霄飞车、跳舞、跳伞等，害我嫉妒了一下，为什么我就不能拥有这等好事以及'蓝色的水'和'翅膀'。然后我交了女友，多么开心又期待她'那个来'时可以一起享受欢乐时光，结果……你说谎！一点都不开心，没有极限运动，没有蓝色的水散落在翅膀间，也没有摇滚乐，哦，不不不……"

请想象一下，如果你是Bodyform的营销人员，你会怎么处理这则博文？是觉得这位仁兄好傻好天真，没有必要过于认真地对待，给他回文；还是趁着这次机会，表达品牌与消费者站在一起的态度？

▲被误导的消费者。

Bodyform选择的是正面响应，而且打算说真话。他们找了一位演员来假扮CEO，拍了影片，幽默地回答了这位同学的提问。

这位假扮成CEO的女演员说："对，我骗了你，抱歉。

到目前为止你所看到的那些广告,并不是'那个来'时的真相,你是对的。过去我们也曾试着说出真实的情况,但为了评量大众在面对这件事时的反应,我们在80年代做了一系列的访谈,访谈后我们发现还是无法说出真实情况。因为不是每个人都能接受真相,那就是在'那个来'的时候,女性不但脾气会变得暴躁,还会有一些灾难般的画面,所以从此我们改变策略,营造了一个你所看到的广告中的假象……"

Bodyform正面响应负面评价的方式让影片爆红,获得了消费者的热烈响应,这样在缓和负面评论的同时,也为自家品牌增添了不少话题!

不完美也好过欺骗

无论是麦当劳还是Bodyform的案例,在互联网时代面对消费者对品牌的质疑时,都摆脱了过去树立的"品牌是神圣不可挑战"的形象,反而用一种"如果真的有错就坦然面对"的态度,来赢取消费者的信赖。

对策二:网友喜欢什么,就给他什么

你可能不知道Jay Z是何许人也,但你应该知道碧昂丝(Beyonce)吧!?Jay Z正是她的老公,出道至今得过21座格莱美奖的饶舌歌手。

在2010年Jay Z出版了一本传记*Decoded*，记录了他的生平及歌词，这本书用了一个超乎我想象的方式来推广。这个活动结合了实体与虚拟、地理定位服务LBS（Location Based Service）以及微软的Bing（搜索引擎）。

他们在实体世界的某个角落——可能是公车站牌、唱片行，或是某个转角的墙上，这些都是Jay Z书中提到的相关事件的真实位置，他们将那一页的书籍内容包装成各种不同形式来呈现，例如大海报，或是花店中的包装纸、唱片行的唱片封套、泳池的池底地贴、服饰店里衣服的内衬等不同形式，当你找到这些线索之后，就可以拍照上传，完成解码。因为任务线索安置在城市的不同角落，想要完成任务必须通过网友的力量。大家同时在网上解谜、在实体世界寻找，一起拼凑出这本书的全貌。

这个活动网页是一个世界地图，每一个书页都有两个线索要你解开，这就是与Bing合作的好处了，想不出答案就用Bing找啊！

你先在网上输入需要解答的地点后，地图就会显示你所输入的地方，可以用鼠标移动找到正确的线索位置，如此就完成了第一步定位，然后到实体世界找到实物，并且拍照打卡上传，就算完成解密。如果对Jay Z不熟，答案并不容易找到。

最后，凡是完成定位或是解密的人，都有机会得到Jay Z与酷玩乐团（Coldplay）在拉斯维加斯的演唱会门票两张，包含食宿、机票，另外还有机会得到你所找到的那一页——未经装订裁切、独一无二的，并由Jay Z亲笔签名的书页。

Jay Z的目标对象是谁？当然是他的粉丝。这是一个对忠诚粉丝设计的互动游戏，只有粉丝才会对Jay Z的故事了如指掌，就像"如果周杰伦出传记，会买的人绝不是因为喜欢这本书的文学，而是喜欢他的人"一样，他用了一种很特殊的营销方式和粉丝互动，在玩的过程中就让你更了解了书的内容，知道了事件发生的地点。这种感觉，有点像你喜欢《海角七号》或《我的少女时代》的电影，如果你知道场景在哪里，并且又能亲自到现场走一遭，那种与电影时空交错的互动和好感，会比单纯看电影要深入许多。

撰写本书的时候，台湾正在热映一部日本动画电影《你的名字》（君の名は），因为电影中有很多从现实世界取材，并重新描绘的虚构场景，就有一位网友将原作的取景照片，从日本各地一个一个找出来，加深影迷粉丝的共鸣（也有可能是电影营销团队所为）。

Jay Z的活动，随着书籍的发行日接近，慢慢地公布更多书页线索，一共有三百页的内容，就像三百场小活动一样，让粉丝不断地来回、重复地互动，串连成一个由网友产出的大型、长效的事件。

这个活动不但满足了网友喜欢挑战的心理，同时也创造了消费者与品牌时时在一起的条件。这种经过思考，而不是单纯为了耍酷耍炫的营销方式，值得学习。

面对挑战，你可以——用真心赢取消费者，消费者想玩，你就陪他玩。

第四节　如何互动协作

如果说第一个改变——挑战，让品牌既期待又怕受伤害的话，那么，第二个改变——协作，就是品牌最爱的粉丝的力量。

最典型的协作就是——维基百科。一群来自四面八方的人，共同完成一则条目的编辑。当奥斯卡颁奖典礼才刚宣布最佳影片得奖者，不到一分钟就会在维基百科上找到答案，由不知道是谁的人主动更新了这则数据。这群默默无名的贡献者超过两百万人，共同编辑了维基百科上近九百三十万则条目，没有一个人是因为钱、因为被迫而更新数据，全都是自动自发地做这件事。这样的力量，如果转换到品牌身上，该多好！

大家应该都还记得2014年的"冰桶挑战"（Ice Bucket Challenge）吧！为了帮助ALS渐冻症患者，Facebook的马克·扎克伯格点名了微软的比尔·盖茨，还有NBA骑士队的勒布朗·詹姆斯（LeBron James）、林书豪、女神Lady Gaga、比伯（Justin Bieber），各方名人纷纷把一大桶冰水从头淋到脚后，选择捐款（也许没有），再指名三位朋友（或仇人？）接手参与的活动。而"冰桶挑战"一个传给三个的规则，通过社群的扩散效益使其威力放大不少。

彭博新闻做了个简单的计算，如果所有人都遵守游戏规则，那么在二十二天内，全世界参与这个活动的人数，将会超过目前全球的七十亿人口数。网友或是粉丝愿意贡献一己之力，共同完成一件事情的起因，主要来自于认同某一点，有可能因为有趣、因为符合价值观、因为喜欢品牌等，从而萌发了想要参与的念头。这些粉丝通过社群、网络、实体，采用"你贡献一点，我奉献一分"的模式，将小人物的力量，汇集成一股难以忽视的巨大能量！这也是互联网时代所带来的、前所未有的消费者行为特性之一。

当群众协作开始运作时，理念相同的粉丝们，只要通过简单的手段（例如敲敲键盘）就能完成一人难以成就的大项目。不用花费大量的人力，也能发起撼动全球的活动。

但同时，我们也见过太多，向网友募集影片、文字、照片等希望群众协作的网络活动，却没办法像"冰桶挑战"一样引起群众效应。失败的关键在于这些活动没有和消费者产生连接，他们会认为：这个品牌活动和我有什么关系？

品牌的对策：

1. 让消费者和品牌之间，产生互相依赖的关系。
2. 抛砖引玉，用精彩的示范，引发网友的表现欲。

该怎么帮品牌凝聚消费者的集体意识？我们可以从以下例子当中找到灵感。

对策一：让消费者和品牌之间互相依赖

2014年4月，向来很会玩营销的星巴克办了一个"白纸杯竞赛"（White Cup Contest），邀请热爱涂鸦手绘的消费者，在星巴克的白纸杯上涂鸦，只要通过Twitter或是Instagram上传你手绘纸杯的照片，加上标签#WhiteCupContest，即可完成报名。最后选出一名优胜者，获得最终的奖金。

第一次注意到这个活动的时候心想："这谁啊，也太有才了吧，可以把星巴克的纸杯画得这么好看！"我以为这只是某人在夏日午后的随心一绘，点进去后才发现，原来这是个竞赛活动！不过，在经过一番挖宝之后，我发现了更让我感兴趣的东西，即星巴克操作这次活动的整个脉络。

接下来，我们一起来看看，星巴克是如何利用旗下各个官方社群媒体的特性，创造出一个完整的沟通脉络的。

秘诀一：怎样充分利用不同社交媒体的特性

在这次活动中，星巴克一共用上了：

● My Starbucks Idea（我的星巴克点子）：公告活动办法，收集意见。

● Twitter：作为报名平台，通报活动进度，扩散和吸纳粉丝（报名时就强制要追踪星巴克的Twitter）。

● Instagram：作为报名平台，方便手机上传以及作品的扩散。

● Pinterest：展现网友创作的内容，将值得推荐的作品汇整。

● Facebook：炒热活动气氛，加速扩散。

● 官网：新闻发布及整个活动信息的中心。

以上这些平台彼此串联互通，可以单独存在，合体后，威力强大，网友则依据自身的心情、时间、工具，选用自己最熟悉的平台就行了。

这次活动的目的其实有好几个。除了让网友发挥创意，帮品牌制作出内容之外，其中一个目的就是为了推广星巴克的可重复使用纸杯，该品牌用了一个很高明的手法来包装。

秘诀二：消费者为何会想要这样做

在星巴克，通常外带时都会用纸杯装着咖啡（除非顾客愿意自备随行杯），虽然方便了顾客，却也因此制造了大量的垃圾。在2013年的美国，则多了一种新选择，推出了可多次重复使用的白纸杯，杯上除了大大的美人鱼商标之外，就只是很低调地在杯子下缘附注"可重复使用"的字样。不过这个纸杯是需要另外花钱买的,一个一美元。为了鼓励大家多多使用,当你用这个纸杯购买饮料时,星巴克会给你0.1美元的折价,等于用个十次就回本了。

问题来了:如果有好几个顾客同时间用这个杯子来买饮料时,要怎么分辨哪个是谁的?

解决方案:鼓励大家在杯子上涂鸦,创造只属于你的纸杯。

这也是这次活动很重要的出发点,同时推广了新纸杯,强调了消费者可以让纸杯有专属感,办了一场有趣的活动,还顺便让消费者帮品牌创造了许许多多的内容,真是兼顾多方的赚到!

秘诀三:消费者的想法将你引向新的高度

最妙的是,这整个事件的起始点,源于星巴克专门用来搜集意见的网站:星巴克点子(My Starbucks Idea)。这个网站从2008年开始运作以来,持续不断地收集、处理网友的意见,这份持之以恒的坚持,让星巴克多了一份其他品牌难以取代的优势:累积了将近十四万则建议,只要有1%的意见是有意义的,就有一千四百个好意见和未来可推动的项目,吓人吧?

```
投票  竞赛设计        ✓              分享 f t +
      发布在11/20/20 7:13下午
 👍   by gxxxxxxxxxx8
      为什么不举办一个杯子设计竞赛,为商店带来更多有趣和令人兴奋的杯子呢?
 👎   获胜者不仅可以选择自己的设计还可以收到一张礼品卡
 510
  点   💬 评论
```

▲ 就是这一则（于 My Starbucks Idea 网站截取）。

其实,在网友提议举办手绘竞赛之前,早就有一些神人级的手绘创作在网络上被疯传,其代表人物之一便是来自韩国的金秀敏,而我相信星巴克绝对也看过这些作品。所以与其说活动点子来自网友在星巴克点子上的提议,倒不如说是"星巴克愿意把创意的荣耀归给网友"来得更贴切。可别小看了这个动作,这是让网友愿意自动免费将创意送给星巴克的重要原因之一。

秘诀四：如何寻找合适平台让活动长存

另一个值得一谈的是Pinterest。星巴克汇整了三百多个比较有看头的作品（报名的件数是四千件),将它们与Pinterest最出名的瀑布流网页呈现方式结合在一起。不得不说,比起Facebook或是Twitter,以图像呈现为主题的Pinterest确实比较适合。作品一字排开的气势,不但画面赏心悦目,也让观者更容易有"美"的感受。

▲ 在 Pinterest 可以看见更多世界各地的创意。

原本只是一个为期二十一天（2014/4/22—2014/5/12)就该结束的网友竞赛，星巴克就是有本事善用不同社群媒体的特性，让各平台尽责地扮演它们的角色，不只在Pinterest有专门的布告广告牌，Facebook上也保留着白纸杯竞赛（White Cup Contest）的相簿等，这让"网友在纸杯上涂鸦"不仅仅是一个单一的营销活动，而慢慢地变成了一种品牌文化。

对于许多品牌来说，与其放任网友在网络四处各自表态、自由发挥，玩弄你的品牌，偶尔发生一些不可控制的公关危机，不如自己创建一个平台，制定游戏规则，邀请他们来这里玩。这样不但参与的人可以得奖金或是因此而出名，更重要的是品牌方还可以得到一堆网友创作的内容，宾主尽欢，多好！

对策二：正确的抛转方式让消费者参与到活动当中

当地人的旅行指南——Local's Guide

另外一个创造让消费者和品牌之间产生互相依赖的关系的例子是来自瑞典的"本地向导"。

想要自己完成一本旅游书的创作，是一件多困难的事！但如果只需要选择你们在城市吃喝玩乐的照片，就可以成为旅游指南的一部分，你做不做？

瑞典Arlanda机场推出了一个App服务——本地向导（Local's Guide），它能从Instagram用户的照片里，依照网友所选择的城市，搜集当地人拍摄的照片与地点标示，自行挑选整理之后，集结成一段充满当地风情的旅游指南！

网络上的旅游信息泛滥，质量参差不齐。哪里好吃？哪里好玩？什么才是真正的地道？听专家说，不如听当地的朋友包括你自己说的，因为这才是最地道的旅行攻略。

"本地向导"就是因为挖掘到消费者会有这种想法，才建立起了这种服务。它运用群众协作的方式，完成一个实时、量大，又富含游览景点的旅游指南！这个App不仅可以让网友获得旅游信息，而且还帮航空公司和网友建立起了密不可分的依存关系。

3·11日本本田汽车的赈灾救援——联结生命线项目

2011年日本发生3·11大地震之后，本田汽车发起了"联结生命线项目"（Connecting Lifelines Project），呼吁他的车主们打开车上的实时回馈路况的系统，来帮助当时物资的运送，让需要前往灾区的人们，根据车主所分享的资料做出正确的行驶路线判断，提高救灾效率。

一辆车的信息，看似微小，但本田一旦集结广大车主分享的实时数据之后，就可以解读出"哪些道路有车辆在行驶或移动缓慢，哪些道路在过去二十四小时没有任何信息，来判断道路是否畅通或是已经中断无法通行等"。

本田将这些实时信息可视化、图像化，以GPS地图的方式呈现出来，在二十小时内就完成这项建置，在网络上开放地图，让任何需要的人使用，也成为第一家发布实时路况的企业。网友共同协作产生的信息，串联成协助救灾的有力工具，也吸引了更多的车主参与这项活动。

星巴克：再多五分钟，你会用来干什么

如果在盛夏，要你在网络上帮星巴克推广冰咖啡，你的活动主题会是什么？"好喝？清凉？还是畅快到底？"星巴克，就是想得和你不一样，它的主题竟然是和冰咖啡一点关系都没有的"再多五分钟！"（5 More Minutes）。它说："再给你五分钟，你最想做什么？"

星巴克绕了那么一大圈，不和你谈产品特性，却和你聊人生，这是玩的哪一招？

在这部影片里看到的是一种生活情境，一种令人向往、陶醉的情境，友谊、爱情、阳光、沙滩与海洋，星巴克在影片中企图诠释"多五分钟的人生，会有什么不同"，不断抛砖引玉，"引诱"你参与互动。在5 More Minutes的网站，星巴克与几个主流的社交媒体合作，包括以图像处理闻名的手机应用Instagram、Twitter以及Facebook，让网友在这些平台抒发自己的意见。只要在作品（不管是相片还是推特正文）上加上#5More的标签，就会自动被统一收集到这个网页。请你想象一下，你想要进入5 More Minutes 的网页进行查看，是因为一杯冰咖啡，还是因为你朋友说"再多给我五分钟，看着十三个月大的女儿，自己走路"的信息？

你在浏览网页的时候，就会发现星巴克的冰咖啡信息，如果引起了你的兴趣，你自然会点击。在"5 More"活动中，咖啡只是个配角，静静等着你去发现，而主角是星巴克的消费者，星巴克在努力娱乐它的目标对象，让他们开心。对消费者来说，产品信息一向是个无趣的内容。今年谈冰咖啡，明年谈香草密斯朵，那后年呢？消费者真正关心的是你的产品配方，还是他们自己的人生、朋友？

LAFA：十万个保险套怎么用掉

在瑞典宣扬安全性行为、防治艾滋病的组织LAFA，要送出十万个保险套。保险套这么私密又令人害羞的东西，怎么说服大伙儿愿意一起创作的？靠的也是抛砖引玉。

本来这种事低调进行就好，想不到，它不但在每个保险套上印上独一无二的号码，从零到十万号，上面还有清楚的说明，很高调地邀请每个拿到免费保险套的人，上网填入拿到的保险套号码，告诉大家"你是怎么用掉这个保险套的？"。

这些保险套在车站、户外广告牌或是咖啡厅、酒吧、出租车里被免费派送。

1. 首先LAFA找了一百个博主或单身的名人等意见领袖（保险套编号零到一百号）来抛砖，说说他们是怎么用掉这些保险套的，有哪些故事。

2. 通过平面广告模拟某个保险套可能的使用者情境。

3. 在可能发生爱的故事的"户外现场"（例如：公园的长椅上）贴上"No.123的保险套在这里被使用，想知道它背后的故事，请上官网查看"的贴纸，引发看到这个户外广告的人的好奇，上网了解更多。

试想一下，如果你拿到这个免费保险套，看到说明后，就算你没使用，或是羞于启齿，但肯定还是有点好奇别人的故事，如果内容有趣，也会不吝啬的按个赞吧？

LAFA先通过名人网红抛出精彩示范，而越多名人参与，就越容易引发网友表现欲的正循环，然后用很简单的表格，来提高用户的填写意愿，再加上上述的种种作为来塑造"说爱的故事"其实也很有趣的一种氛围，最后达成网友愿意协作的目的。

▲塑造出"说爱的故事"。

品牌凝聚群众的关键点是什么

　　想要利用协作的特性来帮助品牌营销，从上述案例来看，我们会发现目的与参与门槛相当重要！除非是品牌重度爱好者，很少有人单纯地只为了支持品牌而参加活动。

　　群众大多是为了支持一个信念、试试看有什么好玩的东西，或是想要展现自己！因此目标很重要！并不是品牌要求消费者做什么，他就会做什么，就算是可口可乐、苹果、星巴克也不可能做到。要让消费者自己觉得"这件事情值得做"，否则消费者其实一眼就可以看穿品牌是试图对他们做营销，而不是单纯地在交朋友。但这并不表示，我们要把品牌商标或商品完全隐藏起来，活动目的和品牌想要沟通的事，是可以巧妙结合的！有了一个远大的目标后，记得要将参与门槛放到最低，才能吸引到最多的人潮。值得注意的是，虽然参与门槛要放到最低，但创意团队本身要做的事可不少，例如：抛砖引玉、邀请适合的名人网红参与，让这件事情越来越有趣，串起更多人，这样才能让消费者有一种"出了很少的力，却完成一件大事"的兴奋感啊！

消费者愿意为你做的，比你想象的多太多！重点要让消费者觉得这件事值得他来做。

第五节　敢于主导

不知道你有没有发现，台湾近几年的营销发生了一个有趣的两极趋势，不是大家都用Facebook开粉丝官方账号、办活动，也不是品牌手机App满天飞，而是传统的电视广告变得不一样了。

一种是越活越回去了，看不到营销策略，没有品牌价值，只剩下卖膏药式的叫卖，仿佛只要拍了广告、强力放送，就算是在做品牌，很难想象这是发展了数十年广告服务业的台湾会拍出来的广告；另外一种是叙事方式越来越像说故事，产品的比重降低了，娱乐成分升高了。

虽然我不明白"叫卖式的广告依然存在"的原因，不过我理解"广告不那么广告"的趋势，与网络时代的来临有很大的关系。

现在大概很少有电视广告在网络上找不到的，也许是代理商或是广告主，也许是某个热心的网友上传，哪怕在电视上播出没多久的广告，在YouTube上都能找到。这样的发展趋势，一方面是因为在YouTube上播放不用花钱，一方面是因为消费者越来越习惯通过网络接受信息。只是，电视广告放到YouTube上播放，这样真的可行吗？

这个问题有两个层面：

1. 电视广告适不适合直接拿到网络上播出？
2. 网友看完广告之后呢？

电视广告拿到网络播出，如果你不在意点击率，不针对网络特性拍摄、剪辑，直接转发也没什么不好，就当是多一个曝光的媒体，但如果你想要把电视广告当作吸引网友观看的触发点，在网络上大放异彩，那就得看看你的影片能不能引起共鸣了。

你有没有娱乐到消费者

电视与YouTube虽然播放的都是影片，但被传播的方式是不一样的。前者是"不管是什么破烂玩意儿，只要选对时段播出，就有一定的观众看到"，观众喜不喜欢是另外一回事，这就像是只要是台湾人，大概没有人不知道"斯斯有三种"吧（斯斯是一种感冒药的品牌）。电视广告讲究单一，把产品特色、品牌要说的话说清楚就行，娱不娱乐是其次；而后者代表的网络，它的属性则是"内容为王，一定要够有趣、感人或是新奇，如果我没兴趣，连看都不会看一眼"，共鸣点就在于"是否是消费者想看的，有没有被娱乐到的感觉"。

这是因为电视与网络除了一个要钱一个不要钱外，最大的区别是被动vs主动。

因为消费者在网络上拥有绝对的掌控权，大部分时间网友都知道网络上的广告会在什么位置出现，有趣的是，通常在网上逛了一整天，对广告视而不见只把它当作背景一样看待，到最后一个都没点击过。正因为掌控权在网友的鼠标上，所以互联网时代的营销，娱乐感才变得如此重要。这也正是网络影片期待成为"病毒视频"的原因，讲究能不能像病毒一样被网友主动传播，分享到社群媒体上与朋友共享，如果你的影片没有感染力，哪怕你咳得多严重、发烧到晕眩，你的"病毒"，恐怕谁也影响不了，只能你一个人独享了！

到了互联网时代，网络、手机、平板、计算机，甚至手表，共同成为我们接受信息的主要工具来源，打破了时间与地点的限制，媒体也越来越多元化，不再局限于过去的老三台或是三大报。网友有充分的自主选择权，用什么工具、在什么时间、通过什么媒体、看什么内容等都是网友自己的选择。这也就是为什么即使网络上到处充满了广告，点击率却普遍连千分之一都不到的原因。

以往因为媒体资源掌握在少数人手上，由一小撮人制订出至高无上的规矩，而且老百姓只能接收，不能反驳，也没有渠道可言，这样的沟通模式，在互联网时代还真行不通，当然还有我们现在可获得的声光娱乐，比以前丰富了不止百倍。即使是全球领先的品牌，无一不在设法博得消费者的注意——"让我哭、让我笑、让我感动、让我流泪"，否则日常生活中有那么多事要做，有那么多信息可以看，消费者何必花时间在品牌的营销活动上？

应对方案：

● 说消费者在意的话，而不只是品牌想说的话。

● 准备各种类型的信息，当消费者需要的时候，可以被找到。

对策一：消费者在意的话是什么

Car vs Piano，保险营销也能增加趣味性

想要用保险的内容来娱乐消费者，这难度够高吧？但俄罗斯的保险公司Intouch不仅做到了，而且还做得很有创意。如果你看到一辆静止不动的车，正上方挂着一架货真价实，只靠着九根绳索固定的重达350公斤的钢琴，你会怎么想？

危险？不可预期？会砸死人？

没错，这就是这个营销方案想要传达给你的——天有不测风云，所以还是买个保险比较好。有趣的是，这九根保命的绳索，何时会断、什么原因断，都由网友来决定。而且通过在线直播的方式，让你亲眼看见汽车被钢琴砸烂的那一幕。

这是一家专门经营汽车保险的俄罗斯保险公司，这个活动——汽车与钢琴的对决（Car vs Piano）是为了推广新的第三责任险"Intouch外界因素保险"而举办的。

为了让网友感受到"意外，不是你能控制的"这个概念，在活动网站上，有三台摄影机对着这辆处境危险的汽车，还有一个大屏幕，实时显示网友发的twitter，二十四小时全天候地实况转播。你的一条twitter，就可能决定了这辆车的命运。Intouch保险公司每天会随机选出两条网友的twitter，然后将其内容与现实世界所发生的状况做比对。如果情况一致，一条绳索就会被剪断。直到绳索承担不住钢琴的重量，使其掉落把汽车砸烂为止。够刺激了吧？

例如：如果明天气温飙过三十三摄氏度，就剪断绳索；如果明天台北股市上涨，剪断绳索；如果彩票没有中奖，剪；中华队赢，剪……

汽车与钢琴对决的营销活动利用了社群媒体，增加了消费者参与活动的机会，也让信息的扩散变得更加容易。再加上使用了二十四小时的实况转播，延伸了事件的张力，满足了现代网友窥探、好奇又嗜血的特性。除此之外，事件本身的设计也和产品相连接，并没有顺从网友想玩的想法，而忽略了品牌想要传递的信息。消费者可以通过这个活动感受到"很多意外的造成，是由外界不可控制的因素导致的"，也对Intouch这个品牌的创新产生了好印象。

如果你刚好需要汽车保险，参与这样的活动后，是不是会想要进一步了解产品的信息呢？即使你不需要，至少你也赚到了一个参与有趣事件的经验。不是吗？

埋葬价值千万的宾利

如果有个知名土豪"因为太爱宾利，爱到想要在进入极乐世界后还能共聚"，于是决定在自家后院挖个洞，把这辆价值上千万的车子给埋了陪葬。你会觉得这纯属个人行为，随他高兴，然后看热闹似的追踪事情的发展，并加入社群战火，群起谯之吗？

巴西一位颇具争议的富豪奇金欧·史卡巴（Chiquinho Scarpa），因为深受埃及法老陪葬纪录片的感召，也想要有样学样地把自己心爱的宾利 Flying Spur当作陪葬品，埋在自家后院，而且还在Facebook上将这个决定昭告天下。

在这则文章中，史卡巴写下了这段话："我正在看一部有关埃及法老的纪录片，非常有趣。他们埋葬了他的全部财产。"接着发表了这段惊动大众的博文："因此，我决定效法法老王，把我最心爱的宝藏——宾利——埋进自家后院！"

隔天，史卡巴在Facebook上再次写道："我想告诉那些怀疑我的人，就在昨天我已经开始在院子里挖洞了，准备在这周末埋葬我的宾利。"照片中秀出他开始动土挖掘的照片，要让大家相信他是认真的。

史卡巴这家伙的性格，本来就比较爱炫富，他的Facebook上有三十五万粉丝，平常随便的一则文章就足够成为热门话题了，更何况这种讨骂的博文。可想而知，这则埋葬宾利的博文引来了大量的批评，用膝盖想就知道网友会有哪些反应："这个人有病、浪费资源、怎么不去帮助别人、钱太多也不是这样花的吧……"因为这个事件在社群上讨论得沸沸扬扬，最终还引起了媒体的注意，电视、杂志、电台都争相报道这个疯狂的事件，甚至在"宾利葬礼"当天出动直升机，在空中直接进行SNG直播。

就在所有人都看着宾利即将驶入"墓穴"并被盖土的时候，土豪喊暂停了："等一下，这场葬礼先搁一边，先请大家移驾到我的屋内。"接着他说："大家都觉得我的举动很荒谬，把这么珍贵的东西给埋了，但世上有很多人埋葬了比宾利更珍贵的东西，那就是人体的器官，那才是史上最大的浪费。"接着便开始宣传"鼓励大家捐赠器官"的活动。

瞬间，这位被众人唾弃的土豪，变成了人人称赞的大英雄。而器官捐赠在接下来的一个月提升了至少31%。发现了吗？这整个事件其实就是我们再熟悉不过的公关操作，只是同样是公关操作，这个"器官捐赠"活动聪明地调整了它的运作方式，以更加符合互联网时代的特性：

▲ "宾利葬礼"。

● 不需要媒体守门员，不需要发新闻稿给任何一位记者；
● 用自己的媒体，自己对外发声；
● 自己掌握说话的节奏。

过去的公关，为什么需要先讨好媒体？因为如果没有媒体，你的信息根本无法传递到消费者的耳中。媒体在当时扮演的是"守门员"的角色，他帮消费者过滤哪些消息值得推荐，哪些是废物……久而久之，品牌想要操作公关，就得先懂得投媒体所好（而不是投消费者所好）。

到了互联网时代，社群媒体开始打破"守门员"的大门。任何人只要有个账号，有三五个好友，有可能无意间说的一句话，就会成为明日报纸的头条！

这位富豪一开始并没有选择在媒体发言，而是通过自己的Facebook直接向大众宣讲这次活动的原因，是因为这些媒体不一定会想要配合演出，或是不能接受事后发现被耍，但又不能事前破功……而只有通过Facebook这一自媒体，他才可以自由发挥、掌控全程，在一周内掌握铺梗（说被法老王感召）、决定（要办宾利葬礼）、行动（在Facebook上传开始挖土的照片）的三部曲发文节奏。最后等到葬礼开始举行，聚集了所有目光的时候，再来公开此次活动的真正目的，这种情况下，所有人都会聚精会神地听他讲五分钟原本会是很无趣的"捐赠器官很重要"的信息。品牌和媒体之间的关系及品牌信息传递的节奏和顺序，早已演变成如下的形式：

● 过去：品牌→大众媒体→消费者；

● 现在：品牌→自媒体→消费者→大众媒体→更多消费者。

我很难想象，如果回到从前，一模一样的公关会怎样操作。TVAS说："我要独家。"三粒说："我不要每天帮你铺梗。"粘代说："今天有更重要的新闻要播。"最后，大家就只好去看二周刊了。

对策二：如何让消费者在需要产品信息时第一时间找到你

前面提到了，在互联网时代网友对于看什么、什么时候看、用什么工具平台，有绝对的主控权。

品牌最想传递给消费者的（包括产品特色、优势、功能等信息）偏偏最不容易吸引消费者的目光，也最不容易扩散分享。不是消费者不想看，而是他必须等到已经接近购买阶段的时候，才会为了对比出性价比更高的产品而自发地找相关内容来看。正因为你不知道特定的消费者在什么时候，处于决策过程中考虑、评估、购买、享用、推荐的哪一个阶段，习惯用什么平台、媒体来接触到你，所以不如先准备好一切资料，以便当消费者需要的时候，他们可以立即找得到你。

现实中，使用越多的工具，当然需要越多的人力与预算。如果品牌的预算有限，又没有太多的人力的话，那就至少准备好以下五种信息，也就是消费者决策过程的五个阶段的相关信息：

1. 考虑阶段：让消费者知道有你的存在；

2. 评估阶段：让消费者找得到产品的相关规格、信息、评论、使用经验；

3. 购买阶段：促使消费者采取购买行动的信息；

4. 享用阶段：指导消费者更好地使用你的产品的信息；

5. 推荐阶段：引导消费者愿意推荐你的产品。

以星巴克为例子：

星巴克为何总是能抢先使用最新工具？你思考过为什么星巴克的官方媒体，几乎用上了所有的主流工具吗？星巴克有着几乎所有你熟悉的主流工具的官方账号，包括但不限于Facebook、Twitter、YouTube、Instagram、LinkedIn、Pinterest、blogger……不是因为它财大气粗，预算没地方花，而是星巴克深知现在的消费者，会用他们最便利也最习惯的方式，寻找他们想要的信息。

思考考虑阶段的信息，是品牌营销最常做的事，广告、公关等都属于这一类，不用我介绍，大家都知道星巴克非常善于此道；而星巴克的社群媒体功用，则用来满足其他的四个阶段。他们把市场上几个主要的社交媒体全都用上了，博客用Twitter，社交平台用Facebook粉丝官方账号，在线影片用YouTube频道，照片分享用Instagram、Pinterest，Blogger们则用本章"协作主题"的对策一中的案例，星巴克还使用了我的"星巴克点子"。

星巴克在经营社群上有清楚的分工：

1. Facebook作为和网友交谊，营造轻松互动的氛围，是交换信息、告知活动、让网友聊天的场所；

2. Twitter则是在线客服，是快速响应网友意见、引导解决网友们的困惑、发布活动信息的中心；

3. Pinterest则是营造品牌文化，让网友第一眼就能明白星巴克想要传递给消费者的品牌精神。

星巴克的Facebook就像个交友厅，在这里可以遇到全球三千六百万个和你一样喜欢该品牌的朋友，你们可以一起表达你们对于星巴克的喜爱，可以一起看影片、看最新的活动信息，讨论问题等。而Facebook原本的设计就是用来社交的，不适合回答问题。

而相较之下，Twitter的设计则是以文字为主，如果你对星巴克有任何疑问，在官方Twitter号下面留言很快就能得到回应，或是由星巴克的营销人员告诉你"你的问题可以找谁解决"。时间久了，这样的区分就越来越明显了，网友知道，想聊天上Facebook，要解决问题就上Twitter，较资深的粉丝都会这样提醒新来的粉丝。

另外，在星巴克的Pinterest一共有二十三个分类的广告牌，上面除了商品直接相关的介绍之外，还有文化、创意、生活等相关的信息。Pinterest和Facebook比起来，比较适合经营品牌文化。在Pinterest可以分类搜寻、规律性地传递信息，这些特性弥补了Facebook涂鸦墙会一直被新信息盖过——只适合让消费者参与现在，而无法了解过去的这一大缺陷。如果你曾经在Facebook上搜寻查找过过去的数据，相信你一定会认同我的说法。

对消费者来说，不感兴趣的信息，是干扰；对的信息在错误的时间出现，也是一种干扰。但如果你的内容引起了消费者的注意或者是他们需要的，他们不但会点击查看，而且还会自动自发地想要了解更多，甚至会帮你免费宣传。

第二章　如何让观众主动选择你的品牌

身为一名铁铮铮的汉子，我不用SK-II，但我知道Pitera。瞧，电视广告的轰炸力有多强大。我最近也开始关注SK-II的营销主轴——改写命运。倒不是因为电视上强力放送的广告，而是一则来自大陆的在网络社群媒体上疯传的广告作品。

在2016年戛纳创意节上，SK-II的"改写命运"得了公共关系（PR）金狮在内的两个奖项，这则广告长达四分多钟，可惜不会在电视上播出。

这则广告说的是中国社会女性到了适婚年龄还未成家的"剩女"现象——《她最后去了相亲角》。在上海的人民广场有一个相亲角，给那些担心尚未成家的大男、大女的家长们，张贴自己儿女的背景资料，诸如年龄、身高、学历、收入、有没有房子等规格表，担忧的父母们一心想把儿女给推销出去，那模样就像招商似的。一旦双方家长对彼此儿女的规格看对眼了，就会安排一场相亲活动。

这些家长们看似积极的作为，却给子女带来莫大的压力。这样的困扰该如何解决？SK-II用影片来剖析，并提出一些新观点，企图改变这个存在于中国的社会现象。这则广告拍摄质量极佳，相当值得一看。但奇妙的是，这则阐述中国近代社会现象的影片，却是由远在瑞典的代理商Forsman&Bodenfors创意执行的。

▲《她最后去了相亲角》短片。

看到这儿，你会不会开始很好奇，在传统营销年代便已经称霸的SK-II，在跨入互联网时代之后，在营销作为上有哪些调整，才能让他继续保有领先的优势？

第一节　如何引发观众的共感

就像《她最后去了相亲角》这部短片里面丝毫没有提到SK-II相关的产品功能、特色和消费者的利益点，这是P&G集团旗下的品牌近年来很爱使用的一种营销方式，你可以称之为有意义的营销，即挖掘出目标对象（消费者）在生活上面临的，并尚未被解决的困扰，然后比其他品牌竞争者早一步提出解决方案——让消费者的生活变得更美好。无论是谈到"剩女很光荣"，还是最新一波的"再次追求梦想"，P&G集团用的都是同一个套路，而且都是在SK-II的营销——改写命运#Change Destiny——这个大概念之下发展。品牌"提出一个大概念，然后用创意去延伸"，这是广告营销一直以来都在使用的手法。但是这个手法，在过去与在互联网时代有显著的差别：

传统营销	互联网营销
提出一个大概念→用创意延伸传播一个想法	提出一个大概念→用创意延伸传播一个想法→引发讨论→提出解决方案→引发消费者的共感

互联网营销之所以会衍生出"引发讨论、提出解决方案、引发消费者的共感"的很大一部分原因来自于网络、社群、自媒体与数字互动的特性。我们先大致看一下SK-II的运作概念：

SK-II在2015年针对三百名亚洲女性进行了一场有关"改写命运"的调查，结果显示：四成以上的女性认为，因年纪或起步太晚而无法追求梦想；五成的女性感觉命运从出生起就已经决定了；六成以上的女性认为社会标准限制了发展的可能；八成女性认为女性比男性更易受到老化影响，而缺乏改写命运的决心。

在本书中你会发现，如SK-II、多芬、Always等，许多大品牌都非常重视田野调查这个步骤。通过调查与研究，SK-II认为自家品牌价值是可以改造、更新并进一步得到发展的，例如：唤醒女性改写命运的自觉，鼓励女性用实际行动勇敢地追求改变。基于此，他们最后提出了"改变命运"这个新的沟通层次。

用情感需求打动新的客户

说穿了，各个品牌之所以这样做，除了巩固现有的忠实顾客之外，还希望能够拓展新的客户，尤其是年轻客户，这最终依旧是与产品销售相关联的。只是SK-II不再像过去一样，直白地讲Pitera的妙处，而是以消费者在现实生活中的困扰和情境出发，回应消费者们期望能够越活越年轻、突破极限、打破DNA定律，从而改写自己命运的想法。

从三个不同层次讲故事，全方位无死角地展现品牌

到了互联网时代，SK-II不但转向从情感方面下手，而且还很细腻地用了三个不同层次来讲述故事：

- 国际巨星（代言人）；
- 社会各领域的成功人士；
- 普通大众的共感议题。

从传统的电视，横跨到数字网络，SK-II让女性来述说她们各自生命中改写命运的故事。先来看代言人汤唯的"改写命运"是怎么说的：

"每一分、每一秒，你都可以改写命运，因为命运，它就在你手上。命运的好坏，不在运气，而在于你是否能够果敢选择。所以，不用介意别人的看法。

相信自己的力量，相信自己的选择，因为能够决定你人生的只有你自己。"

如何？它是不是比过去只说产品特色的广告，多了那么一点温度？但你会不会觉得好像还是没有直接搔到痒处！到底什么是"改写命运"？在我认同了这个观点之后，我的生活会有什么不同？

接下来SK-II又推出了十二名各领域的成功人士，拍摄了她们改写命运的真实故事来回答以上的问题。其中让我很感动的是华人NO.1听障舞者林靖岚。这则广告主要诉说林靖岚在先天重度听障的情况下，如何不认命地依靠音乐的震波来克服先天障碍，进而改写她的命运，成为台湾第一听障舞者的故事。

林靖岚努力用不纯正的发音娓娓道来，她在学习舞蹈的过程中，因为自己有听力障碍而遇到许多困难，教舞蹈的老师们都不相信她可以学好舞蹈，这些批评不但没有打击她的信心，反而给了她力量。直到有一天，她的双脚感受到了地板传递来的震动，然后她发现这正是音乐的节拍，并且只要她的脚步跟上，即使听不见音乐，一样可以通过努力跳好舞蹈。就是这颗不愿向命运低头的心，让她改写了自己的命运。

这个影片震撼的程度是不是比汤唯篇更深刻了些？如果你还是觉得"那些只是别人的故事，和我无关"，那你一定要看接下来的这部——《再次梦想》。现代人对于"长大后不再追梦"的议题应该都很有感觉，在这则影片中，SK-II先找几位韩国成年女性谈论"你还记得自己小时候的梦想吗？为何忘了？放弃了？"，再让小女孩们从小小梦想顾问的立场出发，鼓励长大后的女性要相信自己、勇敢追梦、再次梦想。这部也是长达四分多钟的广告，同样只在网络上播出。

第二节　如何引导消费者购买你的产品

你发现了吗？在下图中的三个层次，从左（国际巨星）到右（普通大众），越往左，越偏向品牌，在广告呈现时，会多关照一点与产品相关的事；越往右，越偏向消费者，越表明重视品牌怎样让消费者变得更美好。

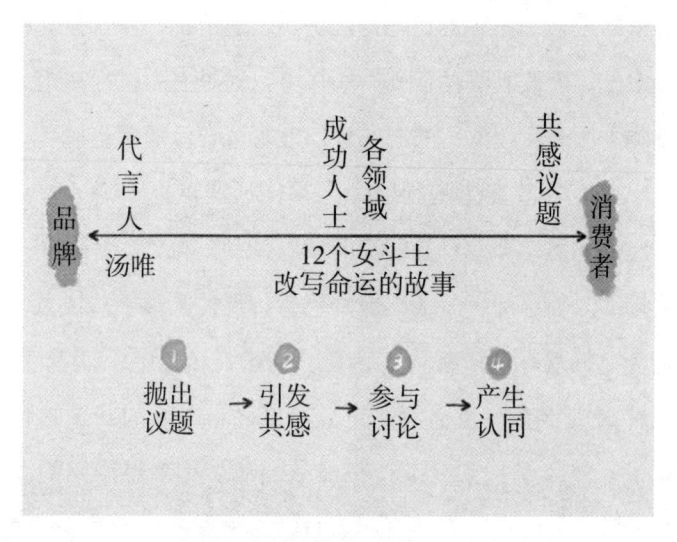

▲SK-II互联网营销布局。

这样的分工，就是SK-II互联网时代营销的完整布局，同时兼顾了品牌想说的话，以及消费者在意的话。该品牌从左到右很有系统地传递"命运是可以被改变的，只要你愿意采取行动"的概念。品牌通过以下四个步骤，使更多消费者接受"达成梦想的第一步，就是相信自己做得到"这个信念。

1. 品牌抛出议题；

2. 引发消费者共感；

3. 让网友参与讨论；

4. 进而产生认同。

此外，该品牌不只是善于传播信念，更重要的是，它从一开始就紧扣产品销售的用心。SK-II之所以选择"改写命运"这个话题作为营销主题，原因就在于不管你是国际巨星，还是普通大众，只要是人就会面临生命中的难题，也因此容易引起大家的共鸣。

如果你有所启发，但却不知道怎么开始，那么SK-II告诉你最快又最简单的方法，就是使用它们的产品，因为它能改变你对肌肤的不满。

继《改写命运》系列广告后，汤唯又拍摄了《一个决定，改写了汤唯的命运》的广告，在影片中她告诉大家"六年后，再来重拍我的第一支精华水广告，皮肤竟然好了那么多"。

如果你愿意身体力行开始改写你的命运，就算你不买SK-II的产品也没关系，至少你会开始喜欢这个品牌。这就是SK-II在互联网时代仍继续保持领先地位的秘密。

以前是品牌用一则广告去和消费者说"我是怎样的品牌"，但现在是品牌必须做好一件事（或好多事），消费者才有可能感受到你是怎样的品牌。

第三节　如何让消费者感受到你的千言万语

令人感触良多的一张包装纸

"为你量身制作的汉堡"源自于汉堡王四十年历史的品牌标语："用你自己的方式享用"（Have It Your Way）。意思是，当我们走到全世界任何一家汉堡王，都可以依照自己的喜好，任意添加或减少配料。例如：我点了多加培根、起司和辣椒的双层华堡，而我朋友点了多加洋葱和西红柿、不要酸黄瓜也不要起司的五层华堡等各种奇怪的组合方式。

往年，汉堡王常用各种夸张的手法作为营销或公关话题，比如日本Windows7上市的时候，就曾与汉堡王跨界合作，推出七层华堡（Whopper）；台湾汉堡王也曾推出相似的活动——无限加层爆牛堡。这个活动曾号召四十个民众一起挑战长达九米，重至二十五公斤的812层汉堡。只是在开吃的四十分钟后，参赛民众就纷纷投降，最后只有一半的汉堡被吃掉。

在2010年，为了强调"用你自己的方式享用"这份专属感，汉堡王把脑筋动到包装纸上。汉堡王在柜台上方偷偷安置了摄影机，当顾客在点餐时，摄影机会先偷偷拍下他们的大头照，随后厨房人员用"印上顾客照片"的包装纸包装，让消费者拿到世上独一无二的汉堡。

这个是来自巴西汉堡王的创意，现在看起来可能感到很一般，但这在当时却赢得了许多奖项，而且只凭着一台摄影机和一台打印机，就营造出一种特别待遇和意外惊喜的氛围，深深打动了顾客的心！

过了几年，美国汉堡王又把脑筋再一次动到包装纸上。他们在2014年6月旧金山同志游行期间，推出了一款华堡，其价钱和一般华堡一样，但有哪些骄傲过人之处，竟然连收银员都一问三不知。

当消费者点餐之后，他们会拿到一个代表同性恋意象的彩虹包装纸的汉堡，顾客一边猜测，这个汉堡是用了比较好的肉片？肥瘦比例不同？还是酱汁口味改良？等到咬下去之后才发现："这不是平常的华堡吗？"正当顾客发出疑问时，只要把包装纸摊开，就可以发现上面写着：

"我们内心都是一样的！We Are All the Same Inside！"

这句话给了参加同志游行的人莫大的鼓励，其中一位受访者还说："虽然这只是一个汉堡，但它让我感到被支持，让我对自己感到骄傲。"

汉堡王将这则活动的侧拍影片放到网络上，短短一周内就有超过七百万人次观看，许多人感动落泪，这次活动也被美国媒体大肆报道，据说还有些人把包装纸折起来带回家收藏。

骄傲华堡在2015年获得了非常非常多的奖项，包括"品牌形象塑造"与"企业社会责任类别"的大奖。近几年，汉堡王有关社群议题的策略方向有了很大的转变，旧时代的汉堡王喜欢展现强大的产品吸引力，似乎想要有只要登高一呼，就能让消费者抢破头的品牌号召力。在第三章我们会提到一个整人实境秀"对不起，我们不卖华堡了！"，这个活动也获得了近千万人次的浏览量；而"删好友换汉堡"更是红到让Facebook官方跳出来干涉。另一方面，还有"国王的恶搞营销"，加上夸张吃肉的超大分量汉堡，等等。这几个营销策略的共同点是：汉堡王以美味食物的供给者自居，营销活动也主要针对口味王、男性、年轻群体。

只是这次的活动，从同性恋的议题着手，代表汉堡王试图转变与消费者沟通的语调，从情绪或味觉上的挑逗、夸张式的吸引眼球、略显刻意的创造分享条件，转变为沟通内心情感，巧妙地运用"同性恋"这个在前几年还被大多数品牌视为禁忌的敏感议题就是一个很好的例子。

没想到在骄傲华堡活动的来年，美国最高法院宣布同志婚姻在全国五十州都合法（2015年6月26日），美国成为全球第二十个同性婚姻全面合法的国家。白宫粉丝官网换上了"彩虹白宫"的头像；总统奥巴马也在第一时间发出一句"真爱制胜"（Love Just Won），获得了众网友的支持。

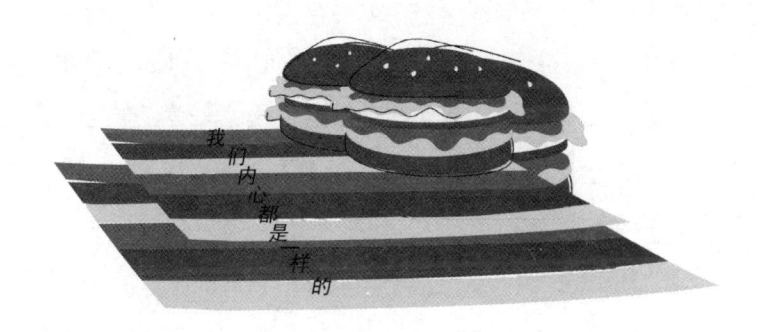

▲ "汉堡王"。

荷兰航空教你送礼送到位

另一个非常善于让消费者感受到自身想说的话的品牌，就是荷兰航空（KLM）。

送礼是个大学问，这句话我想没有人会否认。礼不一定要送得价值连城，但一定要送得好、送得巧，甚至送到收礼人的心坎里，然而这并不是个简单的任务。送礼给至亲好友，尚且需要对每个收礼人有一定程度的认识与了解，才能送得恰到好处，更何况是一个面对千千万万消费者的品牌。

但在众多品牌之中，荷兰航空脱颖而出。它提出了一个不一样的方案，即通过协助解决消费者个人当前的困扰来收拢人心，它送的也许不一定是实体的礼物，但送出的每个"协助"，都深入人心，非常值得身处互联网时代的我们一探究竟。

2014年10月13至17日,荷兰航空举办了一个"乐于助人"(Happy To Help)活动。在这段时间只要和飞机旅行有关,不管你在哪里、搭乘哪个航班、是不是荷兰航空的乘客,他们都会想尽办法来协助你,帮你解决难题,而且尽可能服务更多的人。例如:

- 忘了带护照?荷兰航空会载你回家拿;
- 在道路上遇到塞车,赶不上纽约肯尼迪机场的航班?荷兰航空租了一辆快艇,带你改走河道,从哈德逊河飞奔前往;
- 过境短暂停留?荷兰航空准备了两小时的免费城市观光游,带你一览阿姆斯特丹的城市美景。

荷兰航空究竟是怎么做到把礼物送得恰到好处的?

▲荷兰航空带你去旅行。

战情中心的倾听+客服人员的快速响应+脑力激荡的解决方案

荷兰航空在阿姆斯特丹机场设立了一个玻璃屋的"战情中心",连接全球主要机场,并集合了二百五十位专员,二十四小时待命执行全球旅客指派的"任务"。任何人不管搭乘什么航班,只要是用Twitter发送了与这期间内飞航旅行有关的信息,就会被收集到"战情中心","战情中心"将这些问题进行分类,比如食物、登机、免税、电压等,再将这些类别用一整面的屏幕墙呈现出来,交由专门的人员处理。除了通过虚拟的网络,加上#Happy To Help回复解决方案之外,也有实体的接触,即由地勤人员亲自将"礼物"送到你面前。

我们来具体看看他们的运作方式:

有一位叫Jill的网友在网络上抱怨:"天啊,飞机晚点五个小时!"

荷兰航空:"是搭我们的航班吗?"

Jill:"很抱歉,不是。"

与此同时,荷兰航空通过Jill过去发过的推特发现,她是荷兰男孩团体B-Brave的铁杆粉丝,于是荷兰航空找来B-Brave主唱Dioni录制了一段影片:"Hi!我是B-Brave的Dioni,听说你的飞机误点了……"送给Jill。如果你是当事人,收到这个礼物,会有什么反应?

"战情中心"的专员中,部分人员负责过滤网友的问题，如果可以快速解决的便马上解决。例如有人要赶一大早的航班，他们就送上早晨的叫醒服务；或是想知道鸭赏（一种台湾美食）可不可以带去美国，就送上相关的解答……这类发生得比较普遍，可以快速解决的信息就立即回复。

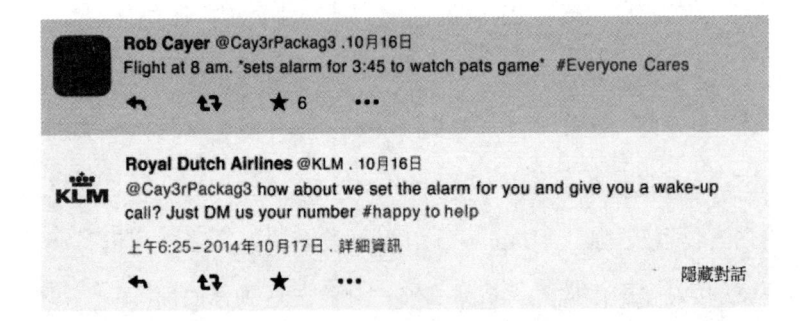

> Rob Cayer @Cay3rPackag3 · 10月16日
> Flight at 8 am. "sets alarm for 3:45 to watch pats game" #Everyone Cares
> ↺ ♡ 6 ···
>
> Royal Dutch Airlines @KLM · 10月16日
> @Cay3rPackag3 how about we set the alarm for you and give you a wake-up call? Just DM us your number #happy to help
> 上午6:25 - 2014年10月17日 · 詳細資訊
> ↺ ♡ ··· 隱藏對話

▲网友要赶早上8点的班机，荷兰航空回复，"需要我打电话叫你起床吗？"够贴心吧？！

如果旅客的问题比较复杂，必须根据客户具体要求特别定制，就交由客服人员与广告代理商组成的动脑大队处理，由他们想出可被立即执行的解决方案，可能是拍段影片用Twitter回复，或是交由当地机场地勤执行，例如有人要旅游度蜜月，就派人到机场迎接这对新人，然后用机场内的机场大巴，附上"新婚"的牌子，送这甜蜜的两人到登机口；或是不知如何打包高跟鞋，荷兰航空就送上"打包高跟鞋的三个秘诀"影片链接等。

当然，荷兰航空也没忘了把这样贴心的服务，通过侧拍记录下来，并将这些影片放到网络上，让更多没有机会在活动期间实际感受到的消费者知道"荷兰航空的服务，有多么的贴心"。

对竞争对手的消费群体提供服务能够给你带来什么

在此案例中，我要说的是：了解需求，就容易送对礼。荷兰航空通过了解消费者后，提出相对应的服务，礼轻但情意重。这种类似一对一的服务境界，在以前是不容易做到的。在过去，倾听心声的成本非常高昂。但到了互联网时代后，成本就变低了许多，只要品牌愿意倾听，网友们有一大堆的心声随时都可以发到网上，而且现今也有许多工具可以自动化帮你归纳整理。而你要采取什么样的行动来应对这些心声才是重点。

这一整套的循环是：监听+响应+实体服务+侧拍影片+网站汇整。

你可以把它想成是一个"告诉消费者荷兰航空的服务有多好"的系列广告影片。它的营销任务，其实和拍一部宣传影片非常类似。但是想想看，品牌用拍一部或一系列广告，在电视上喊出口号就想要打发消费者的招式，放到现在是否依旧有效？

荷兰航空从了解需求、实时响应、特别定制服务、整合实体虚拟，到完成整个体验的流程，看似只有少数人直接得到好处，但这些少数人见证并扩散了荷兰航空想要传递的信息，让更多的人知道了荷兰航空。而这才是互联网时代的品牌应有的思维方式。营销的呈现也更符合现代人乐于接收信息的方式。

实体体验是为了虚拟网络而存在的，所呈现的感染力比现场接触多少人要更重要。

第四节　如何抓住每一个隐形的营销机会

你的品牌曾错失过类似这样的营销机会吗？当有人因为天气热到爆，冷气又坏了，他在网上发问："我今天就要一台新冷气，预算三万。"如果，你能比其他品牌更快得知此信息，并及时反应，甚至在六小时内就帮他装好一台新冷气，你觉得这名网友会不会主动在你品牌的粉丝官网上疯狂点赞！？

如果品牌可以顺利掌握这样的社群信息，所代表的绝对不只是向这位网友销售了一台冷气这么简单，而是我们有能力创造出"消费者接触点"与"品牌见证"，让消费者获得与其他品牌截然不同的感受。

不可思议的圣诞礼物

很多品牌都做过促销，像是优惠券、抽奖、买一送一等；或者我们应该换句话说：现在哪个品牌没有玩过促销？虽然偶尔也会见到奔驰车或是百万奖金,但品牌营销部门通常会为了奖品预算而斤斤计较,比如送出几个杯子、几张优惠券,或是挑选iPhone、iPad、东京来回机票这种没什么创意,却失误率低的奖品。

然而在某年圣诞前夕,西捷航空(WestJet)在候机楼做了一个实时许愿装置,这可以说是荷兰航空"战情中心"的迷你简化版:一个电视屏幕+网络摄影机。在候机楼里的乘客可以对着屏幕上的圣诞老公公许愿,说出一个想要的礼物,嗯,什么愿望都可以!但如果离谱到想要飞到火星,或某位宅男想要一个超级名模陪他过夜这种愿望,圣诞老公公会用一些幽默机智的方式回绝。

在这些旅客之中,有小女孩想要一个玩具熊的,有体型高大的男生想要一份热腾腾的高价牛排的,还有人想要一台售价不菲的LCD电视的……这真的能办到吗?不少人都充满了怀疑。但当旅客们乘着飞机抵达目的地的时候,当时在候机楼许下愿望想要得到的礼物,全都已经打包好,并贴上了旅客的姓名,跟着行李转盘被运送出来。这很让人惊讶对不对,这份圣诞惊喜的场面,随着LCD电视缓慢地现身而达到高潮。

"哇!早知道就许愿一台PS4了!"青少年懊悔地说。

"不会吧?!这真的就是我想要的平板电脑!"小男孩惊呼。

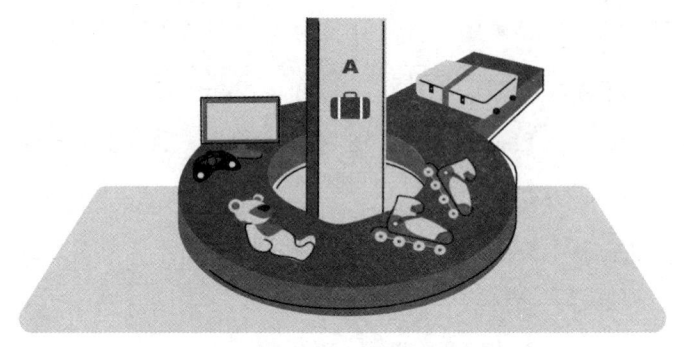

▲ 机场行李转盘运送出旅客想要的礼物。

这些意外的惊喜,是地勤员工在旅客还在航班上飞行的时候费心安排好的。当旅客在圣诞夜搭机返乡,的确会让人倍感辛苦,但是西捷航空用一份惊喜,让消费者感到无比的温暖。

记得第一章"不可思议的神奇事件"的步骤吗?

● 一个看似荒谬的许愿活动。(可能没几个人会把这件事当真吧?)

● 神解答,每个人都拿到产品。

● 众人拍案叫绝,惊讶连连。

● 网络快速扩散分享。

我们并不认为西捷航空太有钱、预算太充足了,因为价格再高昂的大型电视,外加另外一百多人的礼物,其总金额或许很高,但这则影片的观看人次共有四千八百万次以上,其价值早就远远超过奖品的投资金额。

另一方面,西捷航空在本次活动中送出了两百份礼物,表面上只有两百位乘客获益；但西捷航空公司的沟通目标其实是广大网友，并不只是为了讨好当天搭乘自家航班的那些乘客。拿到礼物也并不是营销旅程的终点，而是将侧拍剪辑成影片之后，在YouTube和各大社群平台上进行传播。

这是新互联网时代的营销思维，有时候虽然无法保证效果，但如果成功了，就可能达到我们花上大笔的广告费用都不一定能达到的效益。在以往的营销规划中，我们总是会预估每一次营销费用的投资报酬率，也常常在各项费用上斤斤计较。但是，倘若西捷航空没有一点冒险精神，怎么可能创造出巨大的转发分享率！

第五节　怎样做到话不多说，却能表达更多内容

你应该看过展览吧！特别是那些消费性的展览：美食、汽车，或是旅游展等。在现场，不但有便宜可以捡，还有一堆免费的东西可以拿，只要参加过的人，无不传单、贴纸、二维码拿满一手，这些都是营销人员用来作为拉拢生意、推广自家产品的展场必备的三大法宝。但绝大部分都会被我们丢到垃圾桶里！

泰国旅游局为了向中国人推广泰国观光，参加了在上海举办的旅游展览会。为了要和来自世界各地的竞争者一搏上海

人的眼球,泰国观光局选择了最传统、也最被广为使用的工具——传单来推销自己,只是这张传单没有写满华丽辞藻的宣传文字,没有引发思古幽情的历史文化,更没有让人食指大动的美食照片,就是一张简简单单、什么都没说的文身贴纸!

这原本毫不起眼、司空见惯的东西,却因为一个观念的转换,加上绝妙的创意巧思,重新组合成了一个让你我愿意多看几眼,甚至想要进一步了解的小奇兵。

不只是传单,还是二维码

这个传单变成了具有泰国意象,像是泰拳、嘟嘟车、泰式按摩等的文身贴纸。这张贴纸除了设计精美得让人愿意保留之外,如果想用它来传递信息,就不能只是张什么信息都没有的贴纸而已。

事实上,它让人能够进一步接收到信息的大招就在于,它不仅仅是一张很精美的文身贴,也是一个像二维码一样可以被扫描的图案!说它是二维码其实有点不精准,更准确的说法应该是,它运用了图像辨识的技术,只要用对应的手机软件对着贴纸拍照,每一个文身的图案,都可以分别被引导到与贴纸内容相关的网页上去。例如扫描泰拳贴纸,就会看到与泰拳相关的内容,通过各种不同的故事影片,激发你想要去泰国旅游的欲望。

这个案例成功的关键仍在于——"说消费者在意的话,

而不只是品牌想说的话"。

我们都知道,为了要达成沟通的目的,必须先让对方认同你。而在取得消费者的认同之前,必须知道自身有哪些特色可以满足他们。通常我们总是想办法在第一时间把产品特色一股脑地说给消费者听,但奇怪的是,当我们是顾客并面临着太多信息可以选择时,我们一开始在意的却是——能不能引起我的注意,而不是那一大堆你想告诉我的内容。

▲ "说消费者在意的话,而不是品牌想说的话"。

文身贴纸成功的地方不在这些工具本身上,而在于把消费者放在第一位的思维转换。泰国观光局通过以下三个步骤来提高效益,值得学习:

1. 与众不同却又有相关性的传单先让大众喜欢;
2. 引起消费者的注意,让他们想要进一步地了解更多;
3. 消费者因为感到新奇而不停分享转发。

如果不是因为这张贴纸经过精心设计,精美得让人想要拥有,试问有几个消费者愿意平白无故地把品牌商标贴在身上，帮你无条件宣传？

所以，宁可多花点预算、多出点创意费，让设计出的传单值得被顾客留下，就算只是一包面纸或是一把扇子，也比为了省小钱，写了一堆你自己想说的话，却成为被丢掉也一点都不觉得可惜的垃圾传单要有意义。

表面上，这张新奇的传单，除了泰国的象征图形之外，完全没有传统传单应有的信息，但他们用有趣的工具引发了消费者的兴趣，让他们主动想要了解更多。

这不正是"什么都没说，反而说更多"的奥妙吗！

对一个顾客说话却能说服一个群体的奥秘

另一个将思维转变为"以使用者为中心"的例子，是来自德国的连锁折扣超市LIDL。这个超市品牌在瑞典开了超过一百五十家分店，超市里贩卖许多来自德国的商品，特别是那些自有品牌。

问题来了，许多瑞典人都认为LIDL的自有品牌Angens鲜奶乳源也是来自德国，这可违反了瑞典人"喝鲜奶，当然要喝当地新鲜的瑞典牛产的啊，不然要喝什么？"的习惯，所以，大家都不爱买Angens鲜奶。但其实大家都错怪它了，Angens鲜奶的乳源是正宗瑞典货啊。

有一位网友Bosse Elfgren就是这么错得理直气壮，然后在LIDL粉丝官网上留言：

"我是傻了,还是怎样,为什么我要买LIDL超市的德国鲜奶?"

> 老板埃尔夫格伦·瓦福尔请你参加斯卡音乐狂欢了吗?
> 吉隆坡啤酒节18:57·格拉· 👍 7

▲啤酒宣传海报。

而LIDL超市处理顾客成见的方法,就是和你想的不一样!

许多品牌都有类似"觉得被消费者冤枉"的遭遇,总觉得自己有理说不清,而大部分品牌处理这类问题最常见的方式,就是正正经经拍部广告,办个记者会,也不管消费者信不信,反正就大声地自说自话,并以此来端正视听。例如:林凤营鲜奶面对消费者抵制拒买的危机时,除了推出特殊折扣,来个亏本促销之外,还特别拍摄了一支广告,描述"酪农认真生产牛奶,好牛奶,为什么不买?",试图挽回消费者的信任感。

然而比起选择为自己辩护,LIDL超市却是借力使力,利用这名网友的抱怨,把一则小小的Facebook留言,变成一个大大的营销创意,企图用"真有其人,真有其事"的真实,而不是用"疲劳轰炸"来说服消费者。

在接到网友留言后不到一个月的时间内,LIDL超市就提出对策，不但在Angens鲜奶外盒冠印上那个抱怨的消费者的名字"Bosse"，甚至将Angens的品牌改名为"Bosse鲜奶"，还替换了原本包装的设计，改印上Bosse的头像，并在全瑞典上架贩卖。随后在Bosse留言下回复了这段话：

"嗨，Bosse，认为LIDL超市只卖来自国外的鲜奶，是很常见的偏见。但你会发现，其实我们旗下的鲜奶品牌Angens就是产自瑞典农场，我们特别为了你推出了这个版本，赶快行动哦！"

这样还没完，LIDL超市还制作了报纸、户外广告牌以及电视广告，甚至担心这些媒体Bosse都没看到，还下重本地租用了一架飞机，飞机上附着"Bosse，我们其实有瑞典鲜奶"的布条标语，让飞行员驾驶着飞机在他家上空不断绕行！这看似只对一个使用者说话，但其实更有说服力！

表面上LIDL超市好像用大炮打小鸟，只为了一句Facebook上的抱怨，就改掉品牌名、改换包装、拍摄广告等，这么做似乎不符合原则。但再仔细想想，如果目的都是为了宣传"当地产奶新鲜"这件事，那么"拍个广告自说自话vs借由解决一个消费者的疑虑"，哪一个比较有说服力？

所以请想想，你是在传递一个产品信息，还是解决一个使用者的困扰？这个例子最厉害的地方在于，如果你走在卖场，就算你从来没看过这系列的广告宣传，也很难不被这瓶与众不同的鲜奶包装所吸引；当你拿起鲜奶盒并阅读完文字后，虽然我们都不是Bosse本人，但都会觉得LIDL超市的做法实在太有趣了。同时也能感受到这个品牌在面对消费者质疑时展现出来的诚意，因为LIDL超市让品牌回到了以人为中心，认真地去解决一个使用者的困扰，这种对着一个人说故事的方法，我们反而更听得进去。

▲品牌创立者自我宣传。

正因为LIDL超市不是在传递产品信息，而是在说一个有血有肉的人、一个真实的故事，才因此创造了一个大家愿意分享的情节。否则，市面上从来都不缺产地直送的鲜乳，什么时候我们会想要关心它？因为：创意让人感动的从来就不是产品，而是人！

你的广告是在传递一个产品的信息，还是解决一个使用者的困扰？以消费者为中心，而不是以你卖的商品为中心。

多想一步,让你顺手回收旧衣

你有过回收旧衣服的经历吗?你知道这些旧衣服都被怎么处理,最后到哪儿去了,是哪个受赠单位或是哪些人受惠吗?回收的整个过程你都清楚吗?也满意吗?

为了写这篇文章,我特定去搜寻了一下我到底把衣物捐给了谁,才发现原来"台北市核准的旧衣回收有超过四十个单位,一千三百个回收箱!"。这个密度大概只有便利商店可比拟吧!是大家都这么有爱心,还是……?

我想可能许多人都和我一样,选择捐赠的标准很简单,就是离家最近的那个回收箱。这样的行为,说好听点,叫不挑;难听点,就叫"管它衣服去哪儿,只要把衣服清掉就好"的漠不关心。只是这样对吗?难道没有更好的做法了吗?

"旧的不去,新的不来"这套概念是The Rag Bag(回收袋)案例的最佳描述。瑞典一家新创立的服饰品牌专用制服(Uniforms for the Dedicated),为了鼓励大家把家里的旧衣回收,设计了一个可以直接帮你回收旧衣的购物袋。使用方法很简单,不管是去大品牌服饰店还是小品牌服饰店购物,抑或是在百货店或是路边摊买东西,店家都会附赠给你一个提袋;你将这个提袋从内向外地翻过来之后,提袋就变成了一个已付回邮,而且还可选择受赠单位的回收旧衣袋,你可以把想捐赠的衣服放进去，然后寄出，就可以了。这是不是简单到让你想发出"为什么我没想到？！"的赞叹？

给消费者戴上皇冠，让他们享受备受瞩目的快乐

挪威的基督教救世军（Salvation Army）经营了一个二手衣连锁品牌：Fretex。它成立于1905年，在挪威有四十三家门市，在2012年奥斯陆时尚周期间，提出了一个很有趣的概念来鼓励大家多捐衣。

由于Fretex贩卖的都是二手衣，也就是一般人眼中的过季商品，这本来是个无法摆上台面的"优势"，但Fretex很巧妙地转移了这个印象：

"我们下一季的流行服饰，就是你现在穿的衣服。"

这句话，不但瞬间就把二手衣的劣势变成优势，而且设计了一个活动，煞有其事的让路人当模特"走上"伸展台，配上走秀音乐来强化上面所说的印象。Fretex把奥斯陆的主要地铁站出口布置得美轮美奂，像走秀现场般地铺上了长长的地毯，还特地安排了数十位专业的看秀名媛坐在出口两旁。当你一如往常地从地铁站走出来，还没反应过来是怎么回事时，这群"看秀的观众"就会给你大大的掌声，那种感觉又惊又喜，害羞中还带有一点点的爽！

你看，Fretex是不是一下子就把二手衣过季的形象，变成"内行才懂得欣赏"的潮流了？而且更经济，更环保，不但鼓励了大家多捐衣,也塑造了"可以在Fretex淘到上一季的宝"的印象。

捐赠衣物的另类操作:受捐者变成捐赠人

Shorashim是以色列的一个公益团体,专门帮助独居老人,比如在特定的时节为他们提供食物与关怀。公益组织都需要捐款与有爱心的志愿者,Shorashim想到了一个可以引起年轻人注意,又不会伤到老人家自尊的方法,即"时尚的捐赠"(Donate With Style)——把老人家不要的旧衣服,变成复古流行的时尚。

大部分公益单位都是鼓励民众捐赠衣物给需要的人,但以色列Shorashim公益团体,却反过来让受赠者(需要被捐赠的人)捐出不要的衣服,来换取他们所需的资源。Shorashim与服饰品牌Roots合作,将这些不合乎潮流的旧衣服,交给设计师巧妙地改造,从而转变为年轻人追求复古时尚的服饰。除此之外,他们还找来模特儿拍摄型录,并放在网络上陈列、销售,再将贩卖再造二手衣物的所得,全数捐出来换成老人们所需要的援助,从而达到帮助这群独居老人的初始目的。

▲ 改造后，老先生的旧衬衫成了年轻人的复古时尚。

使用者需求才是王道

我相信大部分人在将旧衣回收时，都是带着多重目的：

● 为了把家中旧爱出清，腾出空间来装新欢。

● 为了做善事，帮助需要帮助的单位或人。

● 或者是因为爱地球，不想制造过多的垃圾，让自己不需要的衣物能够再被利用等。

就因为旧衣回收占尽了上面列出的三大优势，就算回收单位不懂营销、不卖力推广，也能收到源源不绝的货源。但为什么同样的东西，做出来却差这么多？其中最根本的差异就在于：是不是从使用者的需求出发。

如果你的品牌没有让消费者自动送上门的优势，不妨学学前面提到的那些案例，即便占尽便宜，也知道力求改进，以使用者为中心，这种思维不过就是替消费者着想、减少麻烦、简化步骤，或是发掘使用者"为什么要这样，为什么不那样"背后的行为动机。

一切的源头，都在"满足使用者需求"上。这是句人人都懂，却最容易被大家忘记的话。如果你参加过"讨论的不是消费者行为，而是我们的产品有什么功能，什么要求，竞品卖多少钱，说了一堆，最后却连消费者是谁都搞不清楚"的营销会议，你就会懂我的意思了。

把消费者放在第一顺位：情人节的剃须刀

品牌想要落实"把消费者放在第一位"，也可以设法帮助消费者，让他们的生活变得更美好。再举两个例子给大家参考：

传统剃须刀品牌威尔金森之剑（Wilkinson Sword），在一个你想都没想过可以用来推广刮胡刀的时机——情人节——推出了一个令消费者感动的活动。这个品牌在户外设立了一个大型广告牌，上面印上了一个布满胡楂的男人的下半张脸。

当你走在广场上，很难不被这巨大的广告牌所吸引。你出于好奇走近它，触碰并抽出这一根根看似惹人嫌、会扎人的胡须，这才发现，底下藏着的其实是一朵朵代表爱情、含苞待放的玫瑰。你的心有没有被暖到？请再想象一下，如果在这个时候，顺手将这朵玫瑰送给你身旁的另一半或是你在意的人，是不是立马就能虏获他人的心呢？

这幅巨大的广告牌提醒广大的男士们：在情人节这天，可别带着满脸胡楂去"刺痛"你的爱人啊！Wilkinson Sword不但可以还你光滑的面容，还可以帮你融化另一半的心，看看这有多贴心！

传统上，我们一直认为剃须刀与父亲节的关系比较近，鲜少会联想到情人节，这正是因为我们常忘了要站在消费者的立场思考的结果。只想到销售的结果，就会让自己先陷入传统的框架内。我相信大多数的消费者，其实并不那么在乎刮胡刀是三刀头还是四刀头，而是"品牌是真的在乎我，还是只是想要我口袋里的钱而已？"。

另外一个例子，则是以"敢于温柔"（Dare To Be Tender）闻名的德国巧克力品牌妙卡（Milka）。

正常版的妙卡块状巧克力，是一大片成二十个小方块，当你需要食用时再一块块地掰开来吃。这个"最后一块"的版本，则是用一样的售价出售只有十九小块的巧克力。少掉的那一块，不是生产上的瑕疵，也不是被偷吃了，而是为了完成"最后一块巧克力，只留给你最在意的人"的实体体验。

在外包装上，妙卡已经先告诉你"留了一块巧克力，帮助你实践诺言"这样的信息。当你拆开包装后，除了看见缺了一角的巧克力之外，还有一个独一无二的代码。只要你登入活动网页，输入你在意的人的名字、地址和你想对对方说的话，妙卡就会帮你把原本就属于你的那一小块巧克力，寄给对方！

　　这是个从产品本身就传递品牌信念的做法，只是过去我们往往通过宣传标语、广告等方式来宣传品牌，但这类方法只能让消费者想象，而不是真的体验。Milka的"最后一块巧克力"的活动，不只带给参与者有趣的感受，更是给另一个人带来了惊喜，这才是其精彩之处；而且完整的一片巧克力却少一块，比卖给你完整商品后再多帮你寄一块给对方的做法，更贴近"敢于温柔"的意涵。

　　如果是你收到来自朋友的妙卡巧克力，你会不会想要给它拍张照、发到网上？这就是妙卡做出修改产品线、制作特别定制的卡片、邮寄给消费者等决定的原因。这些看似是增加作业以及成本的自找麻烦的举动，实际上，却是在为品牌谋取更多利益。

▲分享进行二次品牌宣传。

第六节　如何创造被分享的可能

到了互联网时代，品牌除了以消费者为中心，说消费者在意的话，并且尽可能地让他们感受到之外，另一个重点，就是为你的信息创造被分享的可能。我们来看看几个善用社群力量，利用创意让消费者忍不住想要分享的案例。

如果有人和你说："你不需要在全美年度收视率最高的时段插播广告，却可以让观众在看广告的同时，不断想到你的品牌。"你一定会想，天底下哪有这等好事？但瑞典汽车品牌沃尔沃举办的史上"最棒的拦截活动"（The Greatest Interception Ever），就真的做到了！

沃尔沃在2015年的美式足球超级杯期间，使出了一个大绝招。他先在超级杯比赛的前几天，在电视上播出了以下文字说明的广告：

"在2月1号观看超级杯比赛的同时，你将会看见许多汽车品牌广告。但你不会看到沃尔沃。取而代之，我们邀请你一起参与史上最棒的'拦截'事件，利用其他汽车的品牌广告播出的空当，给你一个获得沃尔沃汽车的机会，把它送给你最在乎的人，不管是你的爸爸、妹妹或是另一半，当你看到任何一个汽车广告播出的同时，只要发送Twitter，写上他们的名字，加上关键词#Volvo Contest，并告诉我们为什么他值得拥有沃尔沃，你就有机会得到一辆全新的XC60。当别的汽车品牌想要你了解他们的性能及配备的时候，我们只在乎'谁在你生命中占了最重要的位置'。你想把这辆沃尔沃送给谁？"

如何？沃尔沃是不是很巧妙地搭了其他汽车品牌的顺风车，而且活动简单易懂，又符合现代人看电视的同时，手机也不离手的特性？充分利用了观众在广告期间会将注意力从电视转移到手机上"发几则刚刚看比赛的心得，或是查看朋友的留言"的习惯，以其他品牌在电视上的广告当作触发点，引导网友在Twitter上创造扩散的可能。

超级杯期间的六十一部广告中，汽车品牌占了十二部。各大品牌挤破头、砸重金只为投入三十秒的广告。而沃尔沃关键词从开赛到比赛结束，在每次汽车广告播出的时候，都顺势一路飙升，由此你就会知道没有投入一毛钱在超级杯广告的沃尔沃，在这一票赚得有多大了！

影音营销+社交媒体接力

这个案例是值得学习的，不是让你偷学一招吃别人豆腐的方法，而是学会用影音营销+社群媒体接力来扩大影响力，这才是重点。

电视广告的成效日趋下滑，已经是个不争的事实，但影音营销非但没有因为这个现象而退潮，反而变得越来越灵活，内容形式和载体也变得更多元，其中与社群媒体的结合，是让影音营销可以跨出电视以外的一大关键。

传统的电视广告想在社群上被分享，机会一直以来都不高，除非影像内容难得一见，或是强到爆炸，不然我们又没有拿到代言费，凭什么平白帮品牌做好事啊？这也使得各大品牌穷则变，变则通，这也是近几年影音营销"广告越来越不像广告"的原因之一。

但这不表示传统推送产品信息的电视广告没有存在的价值，重点在于你有没有转变思维，结合网络来扩大效应。

在过去，电视广告与互联网的合作，我们只要完成"短秒数广告在电视上播放，然后吸引网友上网看长秒数"的任务，各品牌主与营销操作人员就会觉得很不错了。但现在的关键点已经变成：不再只是让相同的信息在不同的载体上出现就完事，而是根据不同的媒体特性，传递不一样的信息，通过接力的方式，完成品牌沟通的任务。

沃尔沃在超级杯期间举办的活动，就是十分典型的影音营销+社群接力观念的范例。活动开始前的宣传影片是个标准广告，用意是告诉你活动方式，它不是要你上网继续看更多影片，而是设计一个与品牌更深入交流的体验来接棒。而这个体验，必须可以创造社群愿意"传递来传递去"参与活动的信息。

沃尔沃的做法是以一个"与我有关"（让消费者在意的，而不是品牌想说的）的议题来展开的：送辆车给你在乎的人。一次至少打动两个消费者，高招！

这样的做法让活动不只是停留在促销的层次，它还传递了品牌"以人为始"的信念。而这个因为"与我有关"的核心，是活动能不能在社群上扩散的关键：就像当你发推特，@你想送车的对象后，你身边看到此信息的亲朋好友们，会不会点赞？被你送礼的人会不会也想回礼，@你来回报一下，也送你一辆车？

所以，别再推崇"看电视广告后上网点赞分享、继续看完影片就满足了"的营销策略，而是要创造一个适合社群媒体特性，可以接续下去的议题，让消费者愿意花更多的时间和品牌在一起。

奥利奥：逗乐消费者的制胜法宝

你有没有参与过一个网络活动，不管你得到什么样的奖品，都会让你笑开怀？安全帽是海绵做的、诗歌是莎士比亚写的、人字拖是没有人的，这些让人笑到弯腰的奖品不仅人人都有，而且还多到数不清！更重要的是，这是台湾土生土长的案例。

奥利奥这个老牌饼干，向来以"黑"著称，两片黑色巧克力饼皮中间夹着甜死人的白奶油，我年纪大了，一次只能吃一块，吃多了总觉得自己会被蚂蚁搬走。或许卡夫食品也发现了这个问题，于是在2011年推出不太甜的香草口味——金奇奥利奥。

为了推广这个有别于大家印象中就该是黑色的奥利奥，金奇奥利奥决定要给大家一个"惊奇"，在Facebook上举办了"奥利奥金奇礼物换不换"活动。活动概念非常简单，只要你登陆Facebook后同意授权便可加入游戏；加入后便可得到一个礼物，然后你可以任选已经参加游戏的两个人（其中一个可以是自己，也可以不是）无条件地交换这两个人的礼物；你挑选换礼物的人并不限定于你Facebook上的朋友，任何人都行，每十二个小时可以产生一次换礼物的机会。

有趣的是，你并不知道对方的礼物是什么，而且你可以选人也可以被选。但无论是哪种交换方式，双方都没有拒绝的权利，所以有可能是可以换得或是被换走最大奖的iPad 2，也有可能像我一样拿到个毫无用处的瓦楞纸防弹背心。

事实上，我刚加入这个活动后拿到的是7-11的一百元礼券，却因为自己"惺惺作假"地想和别人换礼物，换礼物的对象还特地选了身穿比基尼的辣妹，想说买卖不成，还可以交个朋友，结果却换来了蛙鞋连身吊带裤，你说我能就此罢休，能不继续踏上换礼物的道路吗？（一下午整个办公室没有人拿到同样礼物，而且统统是会让人笑掉大牙的搞笑产品。包括姑苏城外哀凤寺、控固力面膜、封箱胶带除毛贴……）因为搞笑的产品名称，就算拿到一个破烂奖，也比拿到一个市值百元的赠品让你感到更开心。

这个活动还设计了一个游戏规则，即如果你不想苦等十二小时才能再交换一次礼物，只需要把这个活动推荐给你在Facebook上的朋友，就可以获得一个"缩短等待"的惊喜，有可能是直接让你进入交换阶段，也有可能将你等待的时间缩短成三小时不等（连这个都埋了惊奇的趣味）。

为什么我极力推崇这个活动？理由之一：意料之外的惊喜，向来是让人开心的良方。活动过程中又加入了互换礼物的乐趣，无论你手上的奖品有多烂，都让你对未来充满希望与期待。已经拿到大奖的人，也能感受到额外的"担心被别人换走"的刺激。过程里让人忍不住一玩再玩，我相信这是少数网友重复参与度极高的一个活动。

理由之二：活动设计得非常具有诱惑性，让参与活动的网友们不是为了得奖而来，而是为了好玩而参与，就算只是拿到个三十三条吻仔鱼都很开心，因为毕竟只有少数幸运儿可以得大奖，所以让参与者拿不拿奖变得不重要，好不好玩才是重点。

理由之三：分享的设定，让活动更容易扩散。因为你想要缩短等待交换礼物的时间，这会让你主动地把活动分享给你的Facebook朋友，就这样把朋友一个个拉进来，在朋友圈中搭起"你换到什么烂奖"，或是"谁谁谁把我的大奖换走了"的话题。

▲ 网络逗乐营销活动（由可奇数字创意提供）。

消费者其实不那么在意产品规格，他们更在乎的是"品牌是真的在乎我，还是只是想要我口袋里的钱？"。

悉尼歌剧院：引诱观众参观分享的超高手段

如果有人问起："第一次去澳洲悉尼旅游，你会推荐哪一个必去的地标？"我相信许多人的答案一定有"悉尼歌剧院"这个选项。已经被联合国教科文组织评选为世界文化遗产的悉尼歌剧院，一直以来都不缺慕名前来的观光客，但就像许多地标一样，门外总是聚集了一堆争相拍照打卡、到此一游的游客；真正看门道，愿意进到歌剧院内参观的，只有那可怜的一小群人（1%）！怎么办？"就叫那些正在外面的人进来啊！"这就是这个案例的核心概念，直白到够让人翻白眼了吧！

这概念，虽然连小学生都想得出来，但要如何落实才能让外面的人愿意进来，还是得有细腻的创意加持才行。悉尼歌剧院的创意概念是这样的：既然大家这么爱在悉尼歌剧院外拍照打卡，那么只要监看社交网站上实时的发文，不就知道谁正在歌剧院外面？然后再给他们采取行动的诱因，让这些人迫不及待地想进来，任务就达成啦。

所以，这项活动的关键因素有两个：

1. 实时找到正在外面的人；
2. 提出让人抵挡不了的诱因。

悉尼歌剧院选择了以图像为主的社群媒体Instagram，利用图形识别以及地理定位功能，作为即时监控的机制。系统只要发现有人上传悉尼歌剧院著名的外观照片——这个在澳洲Instagram上最多人拍照的地标——"实时回应团队"就会启动，请歌剧院里各个表演者、音乐家、餐厅大厨等知名人物，以拍摄影片或照片的方式，说出或是@那个上传者的名字，并加上#Come On In的主题标签在Instagram上写道：

"悉尼歌剧院@某某人，你拍了一张歌剧院棒呆了的照片，为什么不干脆进来参观呢？#Come On In"

在你前脚还没离开悉尼歌剧院的时刻，就用Instagram实时送上这则博文，并且附上一个诱使你想要进来参观的惊喜。例如：

● 专属导游带你一览世界级音乐厅的后台；

- 和知名音乐家面对面；
- 来一趟与大厨相约的餐厅美食之旅；
- 与音乐剧表演者一起跳有氧瑜伽，1 more、2 more等，独特又值得体验的行程。

请想象一下，如果换成是你收到这样的信息，内容是某知名导演拍了一部《呼唤你的名字》的意外邀请影片，你会不会迫不及待、立马冲进去？

以幸运儿Roisin McGee为例。大厨Lauren Murdoch拍了以下影片：她在影片中喊着Roisin的名字，并邀请他进到歌剧院的餐厅来享用一场美食飨宴，"如果有兴趣请留言，你将会收到进一步的细节通知"。想当然的，没多久Roisin就回复了，并且在Instagram上分享了令人口水直流的大餐照片。

创新的前提是什么

悉尼歌剧院案例最厉害的地方，就在于随便讲给一个营销人听，只要有点创意，执行起来应该都有三分样，这就是典型的"概念有想象空间，又简单易懂"的好处。而接到这项指令的人，不管是文案、视觉，或是设计，都能各自踏着这个概念的肩膀，在自己的权责之内加点东西，不仅不容易出错，同时还可能因此激发出新创意！

悉尼歌剧院规划的这些诱因都和它们的服务息息相关。消费者不需要改变自己的习惯，就和往常一样的拍照打卡，便有机会得到令人惊喜又舍不得放弃的独特体验，同时还创造了被分享的条件。我相信任何人只要被大人物点名，就算有更重要的行程要走，你也会忍不住想要对朋友炫耀一番吧！

▲ 悉尼歌剧院大厨对着幸运儿呼喊"Come On In"。

第七节　品牌如何帮消费者找话题分享

现代人最缺的就是话题，你应该常在Facebook上看过类似的对话吧：

"我必须说《×××》这部电影完全刷新了我对烂片定义的下限……"

朋友A留言："越来越想看，这电影到底能有多烂？"

朋友B留言："好想看+1。"

朋友C说："这么神奇，我一定要看。"

明明你的朋友已经说"这是部大烂片"，却引发一群人更想看的欲望，是不是很奇怪？又或是每当iPhone的新机型上市、软件更新的第一天，总会有人费尽心思地想在朋友圈中抢第一。

为什么电影越烂你却越想花钱去看？说穿了，绝对不是因为你不相信朋友的品位，也不是钱太多，而是你想要跟上他们的话题，甚至引领话题。

这样的心理反应在现实生活中的具体表现，就是每个人或多或少都买过"生命中不需要，却可以创造话题的废物"，或者做过其他类似这样的蠢事。

宜家：我的餐具随便用

宜家卖的是"要自己动手做"的组合家具，相信大家都知道这点。但你可能不知道，宜家有两家自己动手做的餐厅。这就稀奇了吧！

在这个餐厅里，不是像宜家的展示间只摆设假的道具让你看，而是让你可以使用所有真正的厨房设备，还可以选择在餐厅里办派对为小朋友庆生或招待亲朋好友。重点是：完全免费！

这两家让你自己动手做的餐厅，开在俄罗斯莫斯科与圣彼得堡。在俄罗斯，到餐厅消费的金额非常高，消费者为了省钱，开始减少外出用餐的比例，宜家为了帮助消费者解决这个问题，推出了一个前所未有的服务：The Instead Of Cafe。宜家要来证明：家用厨房，也可以带给你如在外餐厅用餐般的愉悦体验。

在Instead of Cafe餐厅里，一共有十种不同大小、形式，并配备齐全的厨房，任君挑选。你可以免费"租"一个厨房以及空间，与你的亲朋好友一同烹调料理，来取代到传统餐厅用餐的体验。只要你提前一周以上预约，便能免费享用一整个料理的空间。除了主要食材必须自备之外，其他硬体设备全权交给宜家就好了。他不但帮你准备了厨具、烤箱、电炉、冰箱、洗碗机、餐具等基础设备，甚至连电视、音响、热奶瓶的机器也都备好，另外还附上料理所需的盐、糖、橄榄油，以及茶、咖啡和饮用水，剩下的就交给你自己动手烹饪了。怎么样，够诚意了吧？但是宜家如此大费周章，究竟为何？

宜家过去给大家的印象，应该都是"占地广大、动线像迷宫、摆设如家庭般温暖"吧？而这一次宜家在俄罗斯如此费事搞个"不卖东西、没有别的可以逛"的独立餐厅，我认为有以下四个目的：

1. 消费者试用体验，增加产品销售概率。

不用说，这是最直接的目的了。在一般宜家店内的餐厅区，也有完整的厨房设备展示，只是那些都是摆看用的。相较之下，沙发或是床组类，只要坐坐躺躺，大概就能将其质量体会个大概。而消费者对于厨具的选择，除了好不好看之外，还有诸如动线、水槽、小家电摆放、收纳空间等细节需要考虑。如果能让消费者从食材配料的准备、烹饪、用餐到事后餐具的清洁整理等一整套流程体验下来，我相信他们买单的概率会高许多。

2. 社群口碑的扩散，创造内容，提升对宜家的好感度。

整个活动有个非常重要的关键，那就是宜家以消费者购买厨具真正的意义——为你在乎的人准备一餐为出发点。所以，这间俄罗斯宜家餐厅鼓励你找一群在乎的人，不管是家人、小孩、朋友或同事，一同来体验。

你可以想象，这么一个独一无二的用餐经历会诱发使用者创造出多少在社交媒体上分享的内容。更不用说宜家在事先就取得参加者的授权同意，侧录活动进行中的画面作为未来宣传推广的使用。而这些由参与者所产出的开心、欢聚、情感流露等真实的生活片段，比起官方老王卖瓜式的广告宣传内容，哪个更有说服力？

3. 收集使用者意见，作为参考改善建议。

宜家刻意推出十种形式、大小不一的餐厅，并搭配各式厨具，其目的之一，就在于收集消费者使用的意见。因为 Instead of Cafe 的试用，就相当于你在家里使用厨具的完整过程，而你又不需要真的拥有。宜家在一开始就设计了参加者必须填写问卷调查表的规定，这些由真人实境体验之后所做的调查结果，对于未来产品开发或改进具有一定的参考价值。

4. 活用餐厅空间，利用营销事件，让更多人参与。

从据点的弹性和便利来看，宜家的完整大店绝对不如一家独立餐厅贴近市场，你可以开在目标对象群聚的小区或最热闹的市中心，也可以像快闪店一样，视营销目的而调整空间大小、地点甚至租期。另外，Instead of Cafe在部分周末是不开放民众预约的，宜家会邀请大厨来教你做菜、告诉你产品使用秘诀或是办活动等，充分利用餐厅小而美的特性，让你不必舟车劳顿也可以感受宜家的多元面向。

虽然只是一个小小的餐厅，却隐藏了不一样的用心。当别的家具品牌还在把消费者当贼一样看待，写着"试坐，请与服务人员联系"的时候，宜家早已用人性化的展示空间，让你自在地逛它的商场。现在更进阶到直接给一个空间，让消费者得以完整体验产品的意义，这就是宜家为我们呈现的，把消费者当成"只是想占你便宜的贼"和把他们当成"家人"的差别。

一旦你理解之后便会明白，为什么宜家展示间即使坐满了人，就算坐得再久，店员也不会赶你走的原因了。

达美乐：接收比萨外卖的另类打开方式，让话题转起来

2012年，日本达美乐推出了一个相当有趣的促销方案：超棒的打折狂欢节（Amazing Coupon Festival）。达美乐开出外送比萨时的收件者身份与打扮条件，例如：双胞胎、绑着双马尾或是高二学生等，如果收件者满足这些条件，就能享有七五折优惠！

活动操作很简单，你只要选一个你所符合的条件，分享到Facebook或Twitter上，便可获得一张八折的打折券，此券会发放到达美乐官网上你的折扣券卡包内。

如果你是直接在网络上订购比萨，达美乐会再给你5%折扣，两者加起来，一共是七五折。订好餐之后等外送员送餐到家时，以你所选的造型或身份出来应门，就可以兑换这次的折扣优惠了。选择以双马尾的装扮来见客的人是最多的；第二名更简单，只要你有胡子就行了，假的也行；第三名则是穿着怪T恤（显然大家都有出不得厅堂，仅供自家观赏用的衣服）；另外，还有许多人选择了用方言来应门等。日本达美乐创造了一个话题，让顾客自己玩得很开心。

Pizza应该是个一年到头都在办促销的行业，对消费者来说，折扣是一定要的啊，没打折反而才是怪事，不是吗？所以，日本达美乐推出的这个活动明摆着就是为了娱乐消费者。

只是对顾客来说，这次的促销不一样，是自己选择、参与的结果。再加上Facebook及Twitter分享的必要条件，仿佛创造了一个机会，让消费者可以在朋友间炫耀："瞧，在生活上我是多么有趣的人，我打算穿着一件怪T来换比萨优惠。"如果只是一个平凡到让人打哈欠的促销，你会有那么大的兴趣分享吗？这就是这两者做法上的差别了。如果顾客愿意认真地执行，很好，达美乐为顾客的生活创造了一个有意义的记忆点。就算消费者不当一回事，没有"盛装"迎接外送员，那又怎样，达美乐不是也用七五折和顾客交换了他们为自家品牌宣传的社交广告吗？

所以说，促销也可以很有意义。是的，好的促销，是消费者主动的选择，而不是你塞到他信箱里无谓的干扰，而且还能够激发他的想象，让他的生活更有趣。

第三章　营销和欺诈，常常仅有一线之隔

这一章之前我想说的是，营销并不是利用销售文案和广告技巧去说服消费者购买根本用不到的产品。但其实也无法否认，这世界上有很多营销人善于利用心理学，常让人在冲动之下购入会后悔的东西。另一方面，你或许也会同意，大多时候我们买的并不是商品本身，而是商品替我们解决了什么问题，或拥有这项商品之后，它给我们增加了什么优势。

先来谈谈我们对商品的需求吧。

或许你也有过这些情况：看上一样东西，想都没想就买了；看上一样东西，很喜欢，却没有理由败下去；看上一样东西，过了一段时间，然后忘了；看上一样东西，却买了另一个竞争品牌；原本想买这个，后来却买了不相干的另一个；原本很想买的东西，买了之后，却很快就厌倦了。

第一节　消费者到底为什么买下它

购买欲真的很奇妙，有时候情绪来了就下手，既快速又

简单,有时候却又理性思考,挑剔程度令旁人都看不下去。回想看看,我们曾经为了哪些理由去更换一部手机?对旧手机看不顺眼了?手机号绑约到期了?摔坏了?嫌反应速度不够快?还是想拥有更大的屏幕、更好的拍照质量?还是单纯地因为最新的iPhone上市了,又刚好你想要?

这里的"为什么买?"或许可以和马斯洛的需求理论相对应,但研究人心和购买情境其实更为有趣。

我在撰写本篇的时候,正巧是iPhone 7上市宣传期,同事们讨论着iPhone 7的外壳颜色、双镜头和Lightning耳机。也刚好有人想换手机就立刻预约了一部。虽然现役的iPhone 7plus已经是我拥有的第五台iPhone了,但我原本其实不是苹果品牌的爱好者。苹果计算机在我公司里,也只是一个很难与其他PC计算机和平共处,也很难进行档案交换的另类产品而已。苹果计算机仅限设计师使用,更被认为是定价过高的产品。

当2007年第一代iPhone上市时,它并没有直接打动我的心;直到2009年上半年,我才因为频繁出差,购入了人生中的第一台智能手机。

在决定买哪款手机的时候,我还是跳过了话题最热的iPhone 3G,而买了黑莓Storm,这是黑莓手机的第一款全屏触控手机。因为和iPhone相比,我更感兴趣的是黑莓机独有的邮件推播功能、免费信息,以及能够让你打字速度飞快的键盘设计。毕竟我自诩是"一秒钟几十万上下"的商务人士。其实我用了黑莓机好几个月，而且也爱不释手，没半点故障问题，但原本绑定两年的合约，却在iPhone 4上市时被我毁约了。原因竟然只是为了一款可以"把朋友变成僵尸"的App。变心的速度，连我自己都觉得不可思议。

回想当时，为了写博客，我想添购一部数码相机，而且有两三台厂牌型号已被列入选购清单。回神看看手上的黑莓机，它主打商务用途，拍照功能只能说普通，除了分辨率不够高，它还采用的是自家封闭式系统，言下之意——没有其他的拍照App可用。

正当这个时候，某位同事开始炫耀刚入手的iPhone 4。刚开始我有点不屑一顾，装作没看到这件事。突然间，她叫了我的名字，等我抬头的时候，替我拍了一张照片。然后按了屏幕几下并把iPhone递过来，在我按下播放键的那一刻，就被自己变成僵尸的画面给吓到了，而她和身旁正在偷偷观看的一群同事却都笑翻。成功恶整了自己的老板，谁不开心呢？这款App，让我立刻放弃数码相机而买了iPhone。不，应该说是，这个"让同事们笑翻的事件"让我买了iPhone。但没搞错吧？我不是要买一部数码相机吗？失去这个需求了吗？

▲一部手机就是宣传的窗口。

其实，就影像质量而言，iPhone并不能和专业的数码相机相媲美。但我对相机的需求，在表面上是写博客配图、拍美食、记录旅游历程等，在心理层面却是通过照片和朋友分享快乐回忆。因此，这款僵尸App以及其他更多带有娱乐色彩的拍照App，就比数码相机更接近我的期待。

其实，在构想商业策略或营销策略的时候，我们常会忽略这种跨界竞争的可能性，消费者考虑到的不仅仅是"那件"商品的功能，也不单单是营销4P、5P，而且还是理性与感性的交替和不同消费需求的满足：

1. 功能上的价值需求：消费者已经拥有什么？黑莓机的拍照缺点要靠什么来补足？

2. 情绪上的价值需求：例如，同事的炫耀心态，或是想要和朋友一起拍照。

3. 人格上的价值需求：想要分享快乐，为了提升友谊关系。

4. 最后，除了原本看上的产品，还有没有别的形态或方式可以满足上述三种需求？

这次消费需求的转变，看似发生在短短的几分钟之内，但其实"黑莓机与数码相机的价值需求与目标任务探讨"这个题目，已经在我心中撰写了好几个礼拜了，我也已经设想过许多"拥有数码相机"之后的情境价值。至于僵尸App，和那位爱炫耀又爱整人的同事，只不过是很巧妙的联结点而已。

我的产品功能很强，为什么还是卖不出去？

已故哈佛商学院教授西奥多·莱维特（Theodore Levitt）曾说："人们想买的并不是1/4英寸的钻孔机，而是墙上1/4英寸的那个孔。"无论是产品研发或营销，都该重视这句话。

每个人一定都曾经因为某种原因，触发了自己的知觉或感觉，导致疯狂地想要拥有某件物品，像我最后舍弃黑莓机和数码相机去选择iPhone一样，也是因为拍照App更能够满足我的潜在需求，这份需求在表面上是拍照，心里面却是期待着拥有一段友谊，是对未来的美好情绪怀抱着期待。

不同的消费者，会为了不同的情境而去购买一部钻孔机，例如：悬挂衣架、镜子，挂上证照、相框、名画，做专业的木工活儿、帮孩子组合家具等。但除了情境之外，更应该去设想消费者对未来怀抱着什么样的期待。假如我要卖同一件东西给十位邻居，我可能会需要十种不同的方法，但许多营销人的坏习惯都是：想要一次通杀男女老少所有的顾客，因此也很容易会产出过度自我的广告文案。这会让我们从自身的优点下手，例如：我的钻孔机转速很高；我的钻头特别硬；我提供多种不同的配件；我是业界最强；我最耐用；我是消费者评比冠军等。

但现实状况是：市场上有很多的竞争对手，产品的功能和我们差不多，广告词和我们讲的也差不多，说不定竞争对手的定价还比我们便宜了30%！曾看过一个公司的简介写道："我们对室内设计的流行趋势有超强的灵敏度，我们有坚强的团队，可以打造各种屋主最想要的风格，贴近你的需求，无论是北欧风、工业风、乡村风等，都可以完全掌握。"这家公司，就是想要一次通杀所有的顾客类型。

这会不会让你联想到在路边卖西瓜说自己瓜很甜的老王？或是说自己每一件事情都很擅长的那位同事，其实每一件事都只是略懂皮毛而已。或是，有一个在夜店和人搭讪的男生说："嗨！我有很多女生喜欢，我有六块肌，薪水高，有房，又有车。"你对他们有多大的好感呢？

大多时候，我们都不该帮品牌自吹自擂，虽然有时真的很难避免，非得要去说说产品优势。但事实上，我们可以先忘掉商品规格上和敌手的强弱之分，而是去设想消费者有哪些地方还可以被满足或补充，也就是把消费者购入商品之后可换得的三种价值需求（功能需求、情绪需求、人格需求），描述成

"真实生活中的使用情境"。例如：

● 衣服挂钩，让我们得到更方便的起居生活。

● 悬挂照片，让一面空荡荡的墙壁变成家庭的视觉中心，呈现一家人的甜美回忆。

● 精准又不容易失误的钻孔机，让装潢师傅提升工作效率，早点下班。

● 老师傅指定的钻孔机品牌，专业形象。

● 帮孩子组合家具时，在妻子的心目中成为一个负责任的好爸爸。

影响消费者决定的通常都不是产品功能，而是：

● 采用商品之后，我将会提升哪方面的价值？例如生活上、工作上，或友谊等。

● 采用商品之后，我将变成怎样的一个人？

● 采用商品之后，别人将怎么看我？如何进化？得到哪种美好情绪？

唯有设想消费者从商品上可以得到什么好处，他们可以创造出什么，也就是顾客想要在哪个情境状况下，解决哪个问题，以及解决之后能替自身带来什么价值，才能使你的广告文案有说服力。至于产品优势方面，除非我们的转速、扭力、价格真的比竞争对手好上太多，而且这些都是消费者关心的点，否则这些功能层面的价值并没有太大的说服力。

到处都是营销短视症（Marketing Myopia）

市场上有许多过度强调产品功能的广告营销案例，例如：智能型手机市场都在微小差距下竞争，产品规格也不可能永远在业界保持领先，但你有没有发现，手机品牌却总是拍广告来表扬自身的一些小地方，但大概几个月后又会再拍新的广告。因为A品牌有夜拍功能，B品牌后来也有，B品牌抢先推出一千万像素，C品牌过一段时间会有一千两百万像素。

仔细研究一下，到底是谁比较强呢？其实在琳琅满目的商品堆中，消费者早就陷入了选择疲劳。因此，当营销团队或某位主管又想要推出一个"讲自己有多厉害"的宣传方式时，应该仔细想想，这些和竞争对手之间的小差距和小优势，到底是不是消费者真正关心的事？

我对一部日本的喜剧电影《舞伎哈哈哈》（舞伎!!!）印象深刻，这也让我想到营销短视症和那些常彼此模仿却又过度竞争的品牌。

男主角鬼冢是一家泡面公司的职员，也身兼舞伎网站的版主，为了一圆"和舞伎玩野球拳"的梦想，他甩掉了痴心女友，转调到京都工作去了。他为了和茶屋的VIP客人内藤一较高下，开始不断模仿对方，想在内藤擅长的领域里打败他，后来，也开始比较金钱、身份、地位等。

但内藤也不是省油的灯，每当鬼冢发挥才能取得成就地位，也赚到更多钱时，内藤又会转战到不同的领域，例如从棒球选手转型成电影明星，最后还选上市长。因为鬼冢太想要超越内藤，所以逼自己不断进步，但却因每次都差那么一点而怨恨不已。这部影片最后提到：在盲目追求的过程中，鬼冢早已迷失自我。

《哈佛商业评论》曾经提出，每年大约会有三万个新消费产品问世，但高达90%的产品都会失败。约莫1960年左右，哈佛商业学院资深教授西奥多·利瓦伊特（Theodo re Levitt）在提出营销短视症时，曾说道："企业过度聚焦在自身产品技术发展，或是过度与对手竞争比较，从内部看来或许像是一种突破，但如果创新的焦点并不是放在消费者的需求上，最后很容易失败。"

在智能手机和App当道的年代，已有不少人认为数码相机的需求将会消失殆尽，但GoPro却针对动态摄影和户外运动市场，开辟了另一条新的道路；而卡西欧则推出了时尚女性专属的相机，并以自拍神器来帮自家产品定位，在相机里内建可以让肌肤粉嫩白皙的拍摄效果，将它的外框转开后是一个多角度的自拍脚架，外观不仅是女性喜爱的宝石粉、珍珠白等颜色，也打破了相机和手机必须方方正正的传统样式，乍看之下更像个高级的粉饼盒。

苹果曾于2016年推出系列广告Shot on iPhone 6s（这是iPhone 6s拍的），在众多只在规格上着墨的手机品牌中，实属独树一帜。这系列的广告视觉十分简单，通过一幅一幅优美的人像照或是风景照，在各方媒体上被刊登出来，画面中只搭配了一句广告标语——"这是iPhone 6s拍的"，呈现在户外巨型海报上面特别有震撼力。iPhone 6s是当年像素最高，镜头最好，或是拍照功能顶尖的手机吗？我相信三星、索尼、宏达电的粉丝都会发言反击。甚至苹果推出的笔记本电脑、平板，几乎都不会是市面上CPU速度最快、容量最大或价格最优惠的产品，但消费者仍趋之若鹜，也让后来的追赶者竞相模仿。

试问：消费者该买哪一款手机才可以拍出大师级的作品？看看那几张户外海报，有超广角的风景、传神的人像、真挚的表情、丰富的色彩，以及活灵活现的动物，iPhone 6s已经直接将照片展现出来，完胜其他品牌的千言万语。

我又想到那句老话："人们想买的并不是1/4英寸的钻孔机，而是墙上1/4英寸的那个孔。"人们想要的，是好照片，而不是一部规格最强硬的相机。

不单纯的动机是品牌营销的关键

营销某件商品，甚至是研发某件商品之前，我们必须预想出各种消费者使用产品的情境，一些被消费者隐藏起来的事实，有点像是从人类观察家或私家侦探的角度去看事情，不断挖掘出消费者对产品的用法和想法。

《创新者的解答》一书曾提到麦当劳奶昔的例子。根据调查发现，虽然年轻人都喜欢冰饮，但卡车司机比青少年或儿童更经常购买奶昔，甚至是每天都买，因为奶昔可以止饿，还可以打发长途开车的无聊。

本书作者，也是哈佛商学院的教授克莱顿·克里斯坦森（Clayton M.Christensen），他提到一个"待完成的工作"（Jobs To Be Done）的理论。若看字面上的意思是指某件工作被完成了，但实际上，更应该解释为：在某种情境之下，你解决了消费者潜在的哪个问题/动机？

在奶昔例子里的问题，是指长途开车很无聊又怕饿，长途开车是卡车司机每天面临的工作，在此情境下会伴随着无聊和饥饿，而奶昔成功解决了他的问题，当然，也势必满足了一些情绪。"待完成的工作"时常可以和心理学家戴维·麦克利兰（David C. McClelland）的"成就动机需求"理论互相对应。

如果你喜欢名侦探柯南、东野圭吾或是新世纪的福尔摩斯，那不妨试试看用推理的方式去找答案。

例如：一名小学生努力念书，他的"工作"是考前三名，但其背后动机是为了得到父母的奖励，也有可能，是为了让每天板着脸的父母露出一个笑容，让父母有话题可以和亲人炫耀，从而得到父母和亲人的重视。

这名小学生长大之后想把托福考好，看似是大学时代的一个"工作"，但其动机可能是为了出国留学。如果再延伸下去，连出国留学也只是一个"工作"，动机可能是因为男朋友要出国，她不想因此分开。或是想要替未来的工作机会加分。而潜意识里，更可能是因为从小被管太严了，终于找到一个机会可以离开父母独立生活。

而在职场上，我们也许会发现许多人会想要将事情做到极致的完美，提高工作效率，获得更大的名声或是更高的地位。其实他们是为了得到快乐，或是避免失去快乐。这些人追求的是在完成某件事情的过程中克服困难与努力奋斗的乐趣，以及成功之后的成就感与掌声，或是被关注的愉悦。这些美好情绪和心理奖赏，多半才是他们最重视的东西，物质奖励例如拿到金钱、证照、升职，反而是其次的。

不久前，我看到一个人像摄影课程的网络广告相当诱人，它只有非常普通的网页设计，谈不上精美，但广告文案却十分具有说服力：

● 两小时快速学会，立即被女友称赞。

● 学员说："现在拍的照片，都有更多人点赞呢！"

● 不再被女孩骂，读懂女孩心思，拍出让女朋友开心的照片。

他们并没有强调可以学到哪些摄影技巧，对于光圈、快门、取景、构图、打光等专业术语，或是拍照的技巧、美学、色彩学方面都只字不提。虽然这些是摄影新手必须了解的基础知识，但其实消费者根本就不想学习这些会让人感到枯燥乏味的东西。

想学好拍照的人，都苦于一种"怎么拍都拍不好的窘境，却不晓得如何解决"，甚至是"不知道这种状况可以被解决"的心情。因此和摄影新手交流拍出好照片的技巧，不如交流一下，为什么你想要拍出好照片？为什么你必须拍出好照片？用成就动机来进行沟通，反而更能够与消费者创造联结。

在换掉黑莓机之前，我是想通过拍美食和写博客配图来维系我的友谊，并彰显自己的生活风格，所以我才需要一台数字相机。但后来我发现iPhone有很多好玩的App，可以随手一拍就达到让全场大笑的效果。这种情况下，iPhone比一台专业的照相机更能达到我的最初目的。

学到摄影技巧和专有名词并不是摄影新手所重视的价值，而是有朝一日把技巧练好，可以把女孩子拍得好看一些，想通过这个课程，让自己变得受欢迎，也帮自己赢得美人心。

成就动机帮你迅速建立与消费者的联结

请别再以为消费者最重视的是相机画素的高低、夜拍、内存这些产品事实了，并非我故意想贬低这些，毕竟，光是拍照这一件事的任务和意图就有那么多种了。消费者的心里在想什么？是什么缘故会刺激他想拍照？把照片拍好之后他会得到什么？找出这些，才能够真的去触动消费者。

你还能够分析出消费者想买相机、想学拍照、想买锅、想学做菜、想学开车，或想做其他任何一件事的背后动机吗？不妨尝试自己完成这个练习。

在不自吹自擂的情况下，我们得先设想消费者有哪些地方还可以被满足或补足。

第二节　消费者希望从品牌中得到什么

在社群平台上，你是否曾经感觉到某位朋友发的Facebook并不是出自自己所熟知的那个人？例如：在公司明明是个严厉角色，却喜欢用感性温柔的言语，关心小孩子的点点滴滴；或是一个常加班，总是半夜才回家的工作狂，却喜欢分享家人小孩的照片；还有一位好友，见面时总是在讲婆婆坏话，结果一转头，却发文附图感谢婆婆送她一个名牌包。

这些人不断通过特定的微博类型去塑造自己的形象、建立自己的人际关系，这种行为在心理学上属于亲和需求。他们写博客或分享照片的目的，多半是满足于自我形象被建立的那个过程，并通过点赞数来验证自己是否达到目的。

亲和需求有下列几种样貌：

1. 希望获得正面的鼓舞（Positive Stimulation）；

2. 希望获得关注（Attention）；

3. 希望在情绪上被支持（Emotional Support）；

4. 希望能够和他人比较（Social Comparison）。

▲向外界展示自己的美好，获得他人更多的了解。

当亲和需求无法在现实生活中取得时，这些行为就会在网络上被凸显出来。且因为社群平台提高了信息扩散的条件，大家可以快速地"阅读"一个人，所以我们也会刻意凸显出"想要被别人了解"的层面。

人格面具是心理学家卡尔·荣格（C.G.Jung）提出的概念。他把"人格"比喻为"面具"，在不同社交场合人们会表现出不同的形象，就像是戴上不同的面具般，很少人会有全然一致的呈现。

一个人的人格就是所有面具的总和，社群面具只占其一，目的可能是为了维系自己的人际关系、扩展商业人脉、提升个人形象，甚至是想要创造出一段非真实的人生，从而不断扮演着"希望被如此认为"的自己，例如：

● 我拥有幸福的家庭：喜欢分享生活点点滴滴，时常全家人一起外出活动。

● 我在某方面很专业：常煮菜，很懂摄影装备，经常参加比赛得奖。

● 我的人际关系很好：常参加聚会、合照，认识很多人、认识名人。

● 我是一个好妈妈：对育儿很有心得，对小孩的言行观察入微，乐于参加学校活动。

● 我很有气质：经常分享读书心得，听音乐会，喜欢非主流的高价品牌。

● 我很富裕：开名车出游，认识名人，出入高级场所。

● 我很孝顺：逢年过节都会带妈妈出去玩。

● 我很爱老婆：我每一年都记得她的生日和结婚纪念日。

满足亲和需求会给我们带来开心的情绪和心理奖励，所以我们就会不断因时、因地顺应不同的关系，去扮演不同的角色，也满足我们想要与他人接触、建立联系，或维持关系的需求。

有趣的是，在社群之中，相较于日常絮叨，大多时候的我们，反而更喜欢看这些被刻意包装出来的"美好事件"，例如，逢年过节都会带妈妈出去玩的朋友，其实大部分的时间都不住在家里，根本就不构成孝顺，但我们却只会对"带妈妈出去旅游"这件美好事情点赞，忽视他的日常相处。

有许多成功的商业广告，都会设法抓住这些心理因素，塑造一种心理情境，将产品形象与消费者渴望的人生角色相结合，告诉他们购买这件商品就可以获得他们想要的形象，例如，从二十世纪九十年代开始，尼桑 Sentra 这台车就通过"新好男人"的形象广告，让消费者自行对号入座，许多人至今都还印象深刻；而逢年过节时，我们也一定都会看到"送某礼，让你换得好人缘"、"送爸妈某物，最能代表你的孝心"这类广告，都在默默影射只要采用商品，我们就会变成广告当中的那个人。

你想成为哪一种人

帮宝适有个案例，可以说明"人格面具"对人们来说有多重要。

纸尿裤这项商品，除了材质不环保、荧光剂等一些争议之外，早已成为消费者依赖的一种商品，但在20世纪60年代，宝洁公司刚开始推广纸尿裤时，却遭受了一个大挫折。

宝洁在媒体上宣传纸尿裤的商品特色，例如一次用完即丢、尿湿立刻换上新的，以及更省时、更卫生、不脏手、方便携带等独特的商品卖点。明确地将其与旧产品做出区分，无论从哪个方面看，都完胜以往需要手洗的棉布尿裤。但没想到，消费者的反应却是十分冷淡。究竟为何强大无比的产品优势成为销售的阻碍？据说宝洁做了一个十分严谨的田野调查，发现阻碍原因与当时的社会风气密不可分。家中保守的长辈和负责赚钱的男主人们皆认为，使用一次就丢的商品非常浪费，还要花更多的钱不断购买新的。但这还不是最主要的原因，最主要的原因是主妇们不想要创造出"我不想洗尿布，想要在家事方面偷懒"的印象。没想到阻碍销售的理由，竟然是与自私、懒惰、浪费这些与道德人格有关的因素，那就算众多带孩子的母亲认同这项商品的优点也不敢买账，不然会被贴上负面标签。

后来宝洁开始采用另外一种情境进行沟通。他们改说："纸尿裤的材质柔软，穿着舒适；纸尿裤的吸水力更强，宝宝尿尿之后不会一直哭泣；纸尿裤比棉布尿裤更适合宝宝的肌肤，可常替换减少细菌滋生，宝宝不易过敏。"这才让销售量起死回生。

▲舒适的纸尿裤让宝宝更开心。

为什么明明是讲同样的事情,一开始的沟通完全无法带动销售,再经过调整后的说法却可行?在早期的沟通情境当中,消费者会因为购买纸尿裤而成为一位聪明的妈妈,但因为妈妈们并不是当时家中的经济来源,加上用过即丢,反而形成一种浪费的形象;改用"宝宝的舒适性"来营销之后,便可以让使用纸尿裤的母亲形成体贴细心、疼爱儿女的家长形象!

这个案例更加验证了一点:消费者在购买商品时,在意的并不是功能最强大,而是自己用了这个商品之后能得到哪些价值回馈,能帮自己建立起什么形象。

该怎么推销"恶魔果实"

这里有一个发生在18世纪的故事,但别误会了,恶魔果实是指马铃薯，而不是《海贼王》漫画里的能力果实。

当时，欧洲的政治局势非常紧张，接连发生了奥地利的王位继承战与著名的七年战争，导致各国战争不断，又因为气候、瘟疫、天灾等问题，导致了严重饥荒的产生。善于国际贸易的航海家就从南美洲（还有一说是土耳其）引进了容易种植而且可以快速收成的马铃薯，期盼可以解决饥荒问题。

但种植马铃薯一事，在普鲁士（现今的德国）却被天主教反对，并驳斥："《圣经》上从未出现过这种农作物！"并以撒旦掌管地底万物为由，规定人类只能吃生长在地面上的果实和菜叶。天主教徒将马铃薯塑造成了"恶魔果实"的形象之后，民众基本都不敢再尝试了，推广过程更加严重受阻。

假如你是腓特烈大帝的营销团队，你会采用哪些方式来推广呢？我试着回想这些年台湾推广农产品的几种方式：

- 宣扬马铃薯的营养；
- 购买马铃薯可抽奖；
- 创意马铃薯料理大赛；
- 马铃薯女郎票选比赛；
- 找明星艺人代言。

我有点怀疑这些常见的营销手法，真的有效果吗？同一时期法国政府举办了"如何解决粮食不足，避免饥荒？"的征文比赛，名次结果让人感觉是内定的，因为这位创意冠军的解决方案就是种植马铃薯。但别忘了，这次腓特烈大帝面对的竞争对手，可是万万不可违逆的上帝！幕僚团队左思右想，终于想到一个绝妙的策略，不与天主教正面抗争，而是绕过这份威胁，推广马铃薯的种植。

他们在皇宫附近大张旗鼓，开辟了一片神秘的农田，并指派皇家禁卫军看守，民众对入口处的一张告示内容议论纷纷，并猜测其中到底种植了什么。这张告示只写着一行字：皇家专属农作物，闲人不得进入！巧妙的消费者洞察就体现在这里，用一句话就吸引到了平民百姓，这些围观的民众心想，里面种植的食物肯定非常高贵，但无奈只属于皇室贵族，这辈子根本无法尝到了。

看完告示后，大伙带着遗憾纷纷离去。但没想到，负责看守的军队，在夜深人静的时候"摸鱼偷懒"，离开了驻守处。没几天，有民众发现夜晚的警备松散，便偷偷潜入农田挖马铃薯回家种植，并尝试不同的料理方式。因为有了"皇家农作物"称号的优越感加持，而且又有新的食物可吃，一传十、十传百，于是马铃薯就遍布全国了。

群体的影响力深不可测

在告示牌上写着"皇家专属农作物，闲人不得进入！"，可以立即创造出一种超越平凡的情境，抓住了人们想要追求卓越的心理，让人更想一亲芳泽，也满足了人们的偷窥欲。

也有一种状况是，当我们看到某个餐厅出现排队人潮时,也会默默地提高对那个餐厅的印象分。我们会关注名人造访过的餐厅,并思考自己是否负担得起;也会了解朋友的休闲活动和自己是否相符;若在社交场合或社群网站上,发现有位新朋友的喜好和自己一致时,也会不自觉地增加好感度。

情境和群体的影响力,究竟有多强大呢?

在1956年曾有个非常著名的"阿希从众实验"。实验者会向所有人展示一条原始直线X,同时也展示出用于和X相比较的另外三条直线(A、B、C),在这三条线之中,只有一条和直线X的长度一样,另外两条线和X的长度都有点差距,一般视力正常的人都可以用肉眼判断出来。

每组七人一起参加实验,前六人是安排好的工作人员,只有最后一位是不知情的受试者;接下来,实验者会询问这七个人:A、B、C哪一条线的长度和X一样?

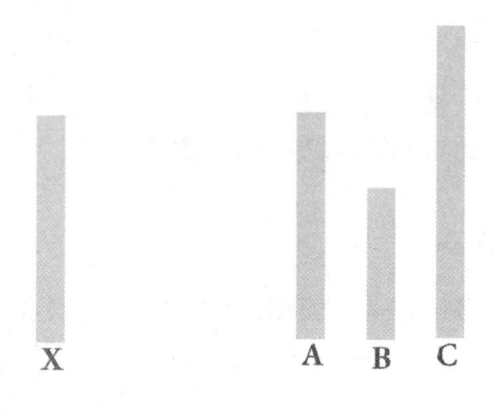

Exhibit 1　　　　　Exhibit 2

▲ 三条线 A、B、C,哪一条跟 X 一样长?

前六位都会讲出错误的答案，结果最后回答的那一个人，会有37%的比例跟随知情工作人员的错误答案，只有四分之一的人自始至终都坚持着自己的意见。讲到这儿，你应该可以理解为什么找博主来写体验文这件事会经久不衰了，原因就是抢先在众人前面说好话，可以借此影响其他人的判断力。

这种从众效应，也被称为羊群效应，是一种社会认同（Social Proof）下的群体影响力。简单来说，当大家共同投入到某一件事情而形成了群体，就会产生社会认同，当一个人的行为和团体一致时，这个举动就是合理的，反之就是不合理的；但对于旁观者，也就是该团体以外的人来说，却可能觉得荒谬。

假设我们在一个密闭的会议室里，忽然从门缝窜出一阵浓烟，你会选择留在原地，还是赶快离开？如果面临危险，人们都会马上做出反应，对吧？你一定觉得"废话！这是生物本能啊！"。但有个实验找来一群普通大众，在不知情的状况下让他们亲自体验危机现场，测试的结果却让人大吃一惊。当受试者独自关在房间中，面对窜出的浓烟都会马上离开现场；但如果受试者是和一群人待在房间中，当浓烟窜出其他人却没有任何行动时，受试者虽然露出疑惑的表情，却也不愿意做出任何反应，甚至在过了二十分钟，并且房间里都已经充满烟雾后，仅仅因为没有任何人离开，受试者宁愿用衣服掩着鼻子，也不愿意起身对烟雾做出任何处理，或寻找冒烟的原因。

和其他人做出一样的选择，不仅可避免犯错，也绝对不会吃亏，毕竟大家看起来都是一样的，表面上不会有什么输赢。但这里测试的不只是从众效应，还呈现出了更恐怖的旁观者立场。意思是，在紧急情况发生的时候，若我们察觉到有其他人在场，那么我们做出对于事件本身产生干涉或影响的举动的可能性就会大幅降低，而当旁观者数量越多，行动力会更低。

例如，当我们在地铁站口看到一个乞讨人士时，可能联想到："这边很热闹，有很多人会捐给他吧。"然后就停止了掏钱的念头。但场景若换到一个人潮稀少的地下道时，我们又会觉得："这边很少有人经过。"于是就加强了同情心与掏钱的动机。或是有一个人骑车摔倒了，如果附近有很多人车时，我们通常只会在旁边观看，不会有任何举动，期待有医护人员或是比自己更有爱心的路人可以伸出援手。我们也常看到街边明明再也塞不下东西的垃圾桶，路人还是会继续往那边丢，直到满溢出来，连地上都脏乱无比，还是有人继续丢。

这些都是旁观者效应，出现在很多意想不到的地方，让我们的责任感、正义感、同情心等因为群体的存在而被扩散，直到最后彻底消失。

这段影片最后访问了几位被困在浓烟中却没有出来的受试者，他们都对自己的行为感到懊悔，也表示如果再次发生这种状况，绝对会采取行动。

这不是某所大学心理系的实验，也不是防灾教育，而是致力于改善全球气候变迁问题的组织"保卫未来"（Defend our Future）做的实验，希望引起大家的反思，无论是独自一人还是和一群陌生人一起，都应该马上做出反应，面临更巨大的危险"全球暖化问题"时不应该袖手旁观。

"保卫未来"提出了三种帮助改善全球气候变迁的挑战，如使用可重复使用的水瓶一个礼拜（不喝瓶装水）、骑脚踏车、写信给政府，表明你支持改善气候变迁的立场。希望我们都可以用很简单的方式，立即采取行动，不要再等待，成为第一位站起来关心环境的人。

▲ 面对浓浓烟雾，你是否会起身反应？

找到消费者在意什么、关心什么，让品牌成为领头羊。

第三节　盈利品牌做公益

"为什么明明很可怜，但你就是不捐钱？"先前我问了一位我的朋友。

这位朋友对社会议题很有见解，对周遭朋友也很热心，但从未丢几个硬币给路边乞讨的人。他解释："因为他的残疾可能是装出来的，也有些人看起来'只'断了一只手，但还有另一只手可以谋生，还可以走路，大脑也没问题。应该还是可以找到某些工作的吧？"

读者们先别急着评断这位朋友的道德感，批判他没有同情心，因为我也曾在台北东区的某个路口，正准备向一位轮椅先生买下爱心面纸的时候，他的电话响了，从他口袋掏出的是最新一代iPhone，甚至还用上了很高级的蓝牙耳机。在看到这一幕后，我马上把手上的纸钞塞回口袋并快步离去，从那次经历之后，我再次遇到这类乞讨的人也都会三思而后行。

虽然造假的残障人士应该只是少数，但却扎扎实实地影响了许多人的同情心。因为购买商品或到餐厅用餐，都会让我们直接得到一个实体物品，享受到商品功能上的价值或是拥有后的愉悦心情，但捐款这件事，并不会让我们得到实体物品，捐款这种行为也不是"我肚子饿了，必须要吃饭了"或"天气冷了，要买一件保暖衣物"这种人身需求，捐款之后更不会立即改善对方的生活。

很多社会团体都会利用温情效应（Warm Glow Altruism）来牵动民众的情绪，通过广告，传达出可怜的形象或是急迫的情境，试图引起大家的同情心。但不妨在脑中试想一个与你最接近或最熟悉的公益团体或公益广告，它引发我们捐款的情境和情绪是什么？是弱势群体遭遇的生活困境？地球正面临灾难？北极熊即将绝种？还是你的善心能够带来希望？

这些常见的说法，和我们并没有实际关系，其联结度也十分薄弱，有时候甚至可以说，广告中的那些要求都是"远在天边"的事情。

如果在台风过后，有一位农民损失了大半年的收成，或是在繁华的都市之中，有位独立抚养孙子的拾荒老人，经新闻报道之后都会获得大量的捐款，原因是他们所处的情境就在你我身边，和我们的幸福人生相比，也有着极大的反差。这比起北极熊、南极冰川或非洲孩童，更能够牵动我们的情绪和同情心。

有许多公益广告的文案或影片，都会用可怜的情境来博取同情，仿佛可怜就是弱势群体的一种商品卖点。我想相信人性本善，我们都有恻隐之心，但从看到广告起到决定捐款的那一瞬间，如果有时间思考的话，我们还会想到比同情心还更深一点的问题。非常现实的考虑和疑虑，和购买许多商品相比，捐款并不是一种迫切需求，更没有非捐不可的理由，因此就算一个弱势者或弱势团体的可怜情境，可以吸引到大家的目光，我们还是会考虑很久，例如：

- 这个单位或这个人，和我有什么关系？
- 这些钱，将如何帮助他们的生活？
- 这个团体正派吗？会不会骗我？
- 捐款会不会被妥善运用？
- 为什么这个人无法自己赚到钱，需要别人的捐款？
- 要捐给流浪狗？老人？儿童？北极？非洲？

"要讲述商品的卖点"这点，在营销操作上来说绝对没有错，但我们更需要的是具备让消费者感同身受的情境，有许多时候是我们花上大把力气描述卖点，但却没办法创造消费者与产品的连接点。因为就算消费者看见了我们的卖点，甚至喜欢我们的卖点，他们还是会考虑种种问题，例如：

- 产品感觉很好用，但没有比较夸大的地方吗？
- 产品感觉很好用，但我真的需要吗？
- 好像不错，但有没有更便宜一点的？
- 好像不错，但有没有外形更好看一点的？
- 好像不错，但我会用几次？
- 好像不错，但有没有另一种东西可以替代？

接下来我们会讨论一些公益广告，看它们如何创造出不同的情境和联结，好打消消费者的这些疑虑。

只有一个按钮的App，想对你说什么

　　为什么看完公益广告之后，我们并没有捐款？因为事件本身（受捐助的对象）和我们有点距离，加上"旁观者效应"分散了责任感。如果一个公益团体总是用弱势群体的可怜故事作为宣传的重点，就算我们会产生同情心，但只要现实生活中有更重要的事件分散了我们的注意力，例如工作、看电影、和家人聊天、买东西、赶车，或任何更重要的事情，我们就会忘记捐款这件事。

　　香港复康会曾推出过一个很有趣，却发人深省的游戏——"好按钮App"（A Good Button）。启动游戏程序之后会有一段语音，要求我们用大拇指按住屏幕上的粉红色按钮，随后开始下达一连串的指令。由于一只手必须按着按钮不放，所以只能用单手来完成任务。这些任务涵盖我们日常生活中常见的举动，像是穿上衬衫、扣上纽扣、开汽水瓶、剥香蕉、吹气球，等等。我常在聚会的时候拿出这款游戏，看朋友们在任务中频频失败出糗的样子，感觉就像看综艺节目一样精彩有趣。但这些被我们当成茶余饭后的娱乐内容，其实就是残疾人士每天的生活，少了一只手不但影响他们的工作和日常起居，更令他们失去很多乐趣。

　　"好按钮App"和那些卖弄可怜的公益广告不同，这款App让我们对残疾人士感同身受，通过App的指令设定，使我们亲身体验到他们生活上遇到的障碍和不方便，因此引发了我们的同理心，而不只是同情心。

同情心和同理心在英文单词中只差了两个字母，但意义却大不相同。

同情心是以自我为出发点的，很容易会创造出偏见，也就是说当我们产生同情心的时候，会在心里面默默划出一条彼此区分的线，创造出"因为身体有缺陷所以是可怜的，因为和我们不一样所以需要帮助"等意识，因此无论是捐款行为本身或是观看事件的角度，都让我们心中默默升起高出"那个群体"一等的心态。但同理心是站在他人的角度思考，因为自己有过同样的经历，所以也就更容易理解弱势者的处境，进而减少偏见和怀疑。

不死会员卡：完成不可能的任务——提倡器官捐赠

广告人会不断创作出催泪形式的公益广告，其实也无可厚非。因为学校老师和创意总监都告诉我们："必须找出商品的卖点。"

虽然很不愿意这样说，但当"弱势群体"成为我们必须推广的"商品"之后，为什么成为弱势？为什么需要帮助？和平常人相比之下哪里可怜？等等，仿佛都是可以帮助提升捐款金额的"商品卖点"。

公益团体之间也和商业品牌一样有竞争，因为捐款者的预算其实也有限，就算是个富有同情心的人，多半也只能在几个公益团体中选择一个。而倡导器官捐赠这件事，更是个大难题，因为和贫困儿童、老人、流浪狗或台风受灾农民相比，这件事离我们显然要更远一些。

根据财团法人器官移植登录中心的统计，全台湾的器官捐赠比例虽然逐年上升，但在2016年仍仅有三百三十九个捐赠人，而每年交通意外死亡人数约四五千人，但器官捐赠人数却不到其十分之一，可见倡导器官捐赠的难度有多大。

但在2013年，巴西出现了"不死会员"（Immortal Fans），这个倡导器官捐赠的营销案例，不仅大大提高了捐赠率，也彻底颠覆了常见的悲情关怀要求。

先看看巴西的"不死会员"的营销文案是怎么说的：

"以后虽然我死了，但会有另一个人用我的眼睛，帮我继续看着巴西队拿世界冠军，所以我是不死的。"——不死会员麦可。

"会有另一个人，因为我的肺而得救，帮我呼吸球场上沸腾的空气。他会帮我活着！"——不死会员乔丹。

倡导器官捐赠的难度在于，这件事情不是柴米油盐食衣住行，也不是流行话题，一般人从来不会去思考这件事。更何况，受赠对象是等我们死掉之后才会接受这份"礼物"的陌生人，和自身没有半点关系；而器官呢，是我们原本就拥有的财产，这份契约代表着将会有人拿走它，也带给人们不可预期的压力和疑虑。为什么要捐？谁会拿到？有没有后遗症？家人会不会反对？当一般人一旦开始考虑，捐献的心理压力就会急速上升，直到最后放弃这件事。

我曾在倡导器官捐赠的网页上，看到这段文字：

"器官捐赠是在人的生命即将结束时，通过无偿捐赠将其可用的器官或组织移植给器官衰竭濒临死亡或是有生命威胁的病患，这是一种传承大爱的生命礼物。不仅可挽救器官衰竭病人的生命，让他们得以重生，也使赠予者通过器官捐赠的方式，让其生命的价值无限延续。"

我觉得这是一段颇有寓意的文案，我也一直认同，倡导器官捐赠应该类似于捐血，传递出舍得、放手、希望转移等博爱的概念，但这样美丽的概念，其实不容易创造出和民众的联结点。

虽然只要是人，都难免一死。死后留着我们的内脏器官也没有用，对吧？

仔细想想，这些固然是事实，但，能否帮陌生人打开另一扇希望之门，也真的和我们没有直接关系。我们不曾签下器官捐赠契约多少和我们的文化习俗有关系，但在心理学上，是因为这个合约对自身没有半点好处，再者，人遇上了生死问题，难免会变得严肃起来。

巴西足球俱乐部的捐赠卡，当然也是类似于"一个生命的终止，却也打开了另一扇希望之门"的营销概念，但却有着截然不同的表现，重点就在于和球迷之间有了桥梁，用一张塑料制的会员卡取代了生死契约，将器官捐赠的严肃感彻底清除，转而感动观众，也让捐赠者大大降低了需要深思熟虑的决策过程。那些死忠球迷，当然也知道器官入土之后，只会成为大自然的肥料，但签下这份契约之后，就可以继续"活着"，帮着自己热爱的球队呐喊加油。这等于是给了大家一个很爽的理由去做善事，何况那张会员卡还可以随身携带，向众人炫耀："我有一张不会死的会员卡！"光是这一点就足以创造出社群扩散的条件，更何况还带来情绪以及人格上的满足。

如果顺应环保趋势，我们未来极可能都会火葬成灰，放在骨灰盒里或是沉入海底，其实真的可以把器官捐出去，不必坚持留个全尸！搞不好会是下一届诺贝尔奖的得主领到我们的肾，下一个海贼王拿到我们的肝呢！

你对污染、癌症、艾滋的想象是什么

这几年有许多从人性出发的实验案例，不一定都是商业营销，也有些是社会议题。这类实验多半采用实境秀或街头侧录来创造社群关注度，但内容又不纯粹是盲目的吸引眼球、炒新闻，而是会试图通过心理因素去创造情境，引发民众对某个要求或意识的认同。

在2015年，台湾有一群医学院的学生（癌友明天协会）

举办了一场意大利面的试吃活动，但民众却纷纷吃到完全没有味道的面，正当路人纳闷这是怎么回事的时候，工作人员才出面解惑，这就是"接受化疗的癌症患者"进食时的真实体验！

协会中的成员说道，这个活动的灵感是来自于自身实习时，与病患第一线接触的经验，一句广告文案都没有，通过情境让民众感同身受，更胜千言万语。

在台湾，癌症病患目前约有四十八万人，除了化疗掉发、虚弱、气色差、体力差之外，还有个大众鲜少知道的状况，那就是化疗时会连带着破坏舌头的味蕾，使得病患尝不出食物的味道，除了影响癌友的生活品质，更容易让病患丧失生存的斗志。这个案例和香港的"好按钮App"一样，它们都引发了民众对重症患者的同理心，而非同情心。许多民众在了解到这碗意大利面的真正含义之后都险些落泪。

另一位在台南艺术大学主修陶瓷的李佩瑜，通过毕业专题的机会，收集全台工业区受污染的土壤烧制成陶碗。她环绕全台各地，用这些碗盛装肉臊饭给民众吃，很多人听到手上的陶碗是工业污染的土制成的，全都吓坏了。李佩瑜也曾到桃园煮给RCA工厂受毒害的阿姨们吃，她们却说："我们被毒这么多年了，吃这一碗也无所谓。"

这个实验性的行动，或许没有办法直接改变工业区的污染问题，但只要是接触到的民众都会立刻明白，台湾确实已经受到污染的侵害，躲都躲不开。

在香港，还有一辆"关怀艾滋"零标签咖啡车，挑战人们对于艾滋病带原者的误解。这是由关怀艾滋团体发起的街头实验，他们做了一辆完全密封的行动咖啡车，除了咖啡香味和广告标语之外，我们看不到咖啡调制者的真面目，只有一只瘦弱的手臂从车内把咖啡端出来。

车上的广告标语写着："和艾滋病带原者接触并不会被传染。"民众立即知道那只端着咖啡的手是来自于一位带原者。刚开始时，大家带着偏见和疑虑，踌躇着不敢向前，但慢慢地有些民众开始拿取咖啡，并和车内的病患握手示意，这也影响到了越来越多的人，让他们不再感到畏惧。

▲ 从艾滋咖啡车送出来的咖啡，你是否愿意喝呢？

再将案例转向你我熟知的戒烟议题。如果你想让一位朋友戒烟，你会怎么做？我们多半会想到吸烟有害健康、二手烟危害家人这样的沟通方式，抽烟的朋友大多也会认同。只是就算把肺病、阳痿等吸烟后的恐怖结果印制在香烟盒上，其实也无法降低吸烟者的购买频率，一定要说到对方心中真正重视的层面，才可能有所影响。例如，我有一位朋友是为了儿女戒烟，还有一位是心脏出了问题，否则也不愿意戒。

那么，关于土地污染、艾滋、癌症或是关于全球变暖的纪录片《正负2度》，就离民众更远了，这几个由非商业团体发起的情境式营销活动，直接激起民众对议题的思考，在互动过程中也捕捉到了大众最真实的反应。

渴了吗？要不要来一瓶"疟疾水"

联合国儿童基金会的慈善计划"水龙头计划"（UNICEF Tap Project），从2007年开始便一直倡导世界饮水日（World Water Day）。他们提出一个很简单的宗旨，即鼓励人们捐出一美元，大约就是一瓶矿泉水的费用，可以让一个贫穷国家的小朋友饮用四十天干净的水。

正在阅读这本书的你，或是写这本书的我们，应该都不曾为了一杯饮用水而烦恼过吧？但世界上却有许多贫穷落后的国家的数百万人民，因为没有良好的供水净水设施，而饱受传染病和健康问题的苦痛。如果想要让民众对千里外的贫苦人民感同身受的话，该创造出什么样的情境比较适合呢？

2009年，"水龙头计划"在纽约街头设置了一架蓝色的瓶装水贩卖机，贩卖每瓶一美元的饮用水，当民众走近一看，发现有几种口味可供选择，不过却都是水质泛黄、混浊，甚至掺杂着泥土碎石的脏水，而口味选项上面竟然写着伤寒、霍乱、疟疾等，这是各种以疾病命名的瓶装水。

除非是想要蓄意谋害他人，否则任谁都不会买来喝吧？这种吓死人不偿命的桥段带来了一股震慑力，让人瞪大了双眼。当纽约民众接触到贩卖机之后，随即产生对水资源的新的认知和联想——对民众而言一瓶一美元唾手可得的矿泉水，甚至水龙头打开就能直接饮用的自来水，对贫穷国家的人民来说是一种何等的奢求啊！

掺杂着泥土碎石的脏水，你敢喝吗？每当台风肆虐过后，台湾便有许多地区饱受混浊脏水之苦，甚至还有过大卖场瓶装水被抢购一空的新闻。但谁能想到，非洲贫穷地区的妇女小孩，每天都必须弯下腰来，从泥水坑里面找水喝？

"脏水贩卖机"这个街头活动引发了无数的新闻报道，它不是从可怜或贫穷的角度，反而是利用都市人习以为常的事情，让大家认识了"水龙头计划"，也很成功地引发了民众的捐款。

甜过初恋的西瓜为何畅销

网络上曾疯传一张照片，照片上一位卖柳橙的大婶用纸板写下"甜过初恋"四个字，被许多网友封为年度最佳文案。

"不甜不要钱！"是一种担保质量的销售话术，但前提是，必须建立在质量绝对优良的前提下，不然写出这样的文案相当于自取其辱，砸了自己招牌。当然，一般水果摊为了让顾客确保质量，常会切个几块让人试吃，并借此招揽顾客。

但是在什么情况下、贩卖什么商品的时候，你会像水果摊一样，让每一个顾客都在用过之后，自发地掏钱购买呢？

如果是保养品、化妆品、洗衣粉、卫生纸、水果这类商品容易回购，试用、试吃也是十分常见的。台湾品牌"微热山丘"让上门民众体验试吃一整颗的凤梨酥，并奉上一杯热茶，这件事也让大家津津乐道。

但如果是一部电影、一本书的话，情况就大不相同，这类产品体验完毕之后便大大降低购买需求，怎么操作比较好呢？有一些展览活动或博物馆，甚至还会禁止所有的访客摄影，像是位于东京的（宫崎骏）三鹰之森-吉卜力美术馆就非常严格，在网络上几乎找不到美术馆内部的照片。在2014年，位于巴塞罗那的Teatreneu剧院推出一场全新的喜剧，为了减轻观众的疑虑，不仅让大家免费入场，还承诺——只要一次都没有笑出来，就不用付半毛钱。

经历2012年的欧债危机，西班牙面临经济下滑、失业率攀升等问题，这让民众的消费能力大幅下降，首当其冲的不是衣食住行这类民生需求，而是削减奢侈品与自身的娱乐支出。（在金融海啸和非典之后，台湾也有类似的状况发生。）

Teatreneu剧院团队在每个座位前方安置了一套面部识别系统，将每一位观众的发笑次数拍摄下来并用计算机统计，如果捕捉到一次笑容就收取0.3欧。剧团的文宣上面提及："收费上限只要二十四欧元，请放肆大胆地笑！"换算一下，等于在两个小时之内可以尽情大笑八十次或更多，比很多舞台剧的门票都还划算！

很多时候，我们常会因为电影预告片剪得太好、推荐文诱人可口，或是各种莫名其妙的理由进了戏院，却"踩到地雷"，而且就算有知名导演加持或巨星卡司演出，也不能保证电影一定好看。

近几年因为网络影音盛行，降低了人们走进剧院的意愿，而且网络上的每一出电影戏剧，都会有星级评价可供参考。即便如此，也并不表示观众不再愿意买票看戏。进剧场或电影院其实包含了社交功能，视听享受也和小屏幕不同，民众不进剧院只是不想要"踩到地雷"罢了。

愿意推出"包甜策略"的Teatreneu剧院团队，对观众而言，就是个愿意给予消费承诺的品牌，愿意用真材实料招揽更多的客人，而不是靠预告片来哗众取宠。若品牌的营销活动运用了高科技设备的噱头，的确具有话题性，但Teatreneu剧院团队却更高明，用科技设备跟观众保证了剧团的演出质量，预告观众："这场秀一定好看，你也一定会笑翻！"

商业广告其实充满了老王卖瓜式的现象，保证有效的没什么效果，保证好吃的不一定好吃，先不提个人喜好的问题,其实消费者经常都可以看穿广告的意图。若考虑到更深的心理因素,观众可以随时退货(离场)或是作弊(忍住不笑),加上还有收费上限的设定,种种为了顾客着想的设计,都大大减少了对陌生剧目的疑虑。

毫无意外的,门票在几分钟内被秒杀,因为早在宣传"笑了才计费"的时候就已虏获所有人的好奇心,入场券又是限量的。试想一下,如果我们有幸获得这场演出的门票,或是等了半天却没抢到,会不会上Facebook发文?而入场后,看到捕捉脸孔的高科技装置,会不会想拍照上传?最后连我们笑了几次,被收了多少钱,也都有话题可聊!

这些和观众接触的每一个情境环节,都是精心设计过的脚本,每一处都在帮剧团创造社群分享的机会,难怪在2014年的戛纳创意节上,这个案例获得众多评委的青睐,一共拿到数字体验、实体活动、数字装置运用、消费者上门体验等八个奖项!

▲ 根据笑出来的次数收费,好笑才收钱。

让消费者亲自体验感同身受，才能创造分享的机会。

难以摆脱的刻板印象

社会学中有个名词——社会污名（Social Stigma），说白了就是人与人之间的刻板印象，俗称偏见。

例如同性恋者的性生活紊乱、成绩好的学生不会玩、日本男人普遍好色、老板都财迷并且学识比较低、女性比较不会开车、男性不擅长做家事、清洁工比较没有社会地位等，其实都属于偏见，也是刻板印象。

当然，也有比较正面的偏见，例如女性比较细心、非洲人擅长跑马拉松、法官律师为人很正直、医生很重视健康之类的，其实也全是这样。

如果有人跳出偏见的框架，像是女性赛车手、男性家事达人、贪污的法官、捐出数百万做公益的清洁工等，就有可能登上新闻版面，给大家留下非常深刻的印象。

营销人很喜欢利用这种心理反差，例如第二章提到的SK-II，找来了十二个领域的成功女性，拍摄了她们改写命运的真实故事，令我印象最深的林靖岚先天就重度听力障碍，但她克服了这个困难，成为台湾第一听障舞者。这故事十分激励人心。但是偏见也会发生在种族、性别、身体、年龄、职业等各个方面，大众会因为不同的理由去区分另一个群体，给他们贴上标签，并把他们的言行和"负面特质"联系在一块儿，例如，常有人看到车祸，便不分青红皂白把肇事责任指向老人、女人、老女人，出现"三宝不意外""女驾驶不意外""未看先猜三宝"等言论。

或是，我们也会把刚出社会的年轻人说成是"草莓族"，来强调这群年轻人缺少抗压性的特性，又或者长辈常常随口一句："你年纪这么小，懂什么？"但大多时候，这些被偏见对待的人根本就没有错，只是我们把某些负面元素夸大，用自己的立场来以偏概全。

如何利用偏见创造好印象

撰写本文时（约莫2016年），台湾正对同性婚姻（多元成家）修改法这个议题争吵不休，裸着上半身参加高雄的同志大游行的女教师，更因为身份关系而成为全民焦点。另外，也有两派不同的观点分别在争执：非法经营的优步是否该离开台湾，以及台湾是否阻碍了产业的创新？除了各自立场所带的主观意识之外，也都具有偏见色彩。

其实，我们喜欢上一个品牌，喜欢上一个明星艺人，或一个新朋友，甚至开始帮他们说好话，其实都不见得是在非常了解他们的前提下才这么做，纯粹只是这些人与商品呈现出的某种形象太过鲜明，给人的观感定了型。而当我们讨厌一件事，或讨厌一个人的时候，情况也类似。这些喜欢或讨厌的感觉，你可以描述得非常清楚，而且情绪分明，比起大多数的普通人，无论是好的还是坏的，他们至少让你留下了印象。

之所以会提到这些，是因为品牌认同，在某种程度上，其实就是消费者对你这个品牌的刻板印象与偏见。从第一印象开始，就必须累积好感度，只有从许多不同的沟通层面上把品牌树立成"我是和其他品牌截然不同的角色"，才有可能一步步攻占消费者的心。

我觉得好印象当然比坏印象好。不过即使是坏印象也比没印象要好得多，不知道你是否同意这句话。

地铁站里的旷世奇才

前两天，收到一位朋友转来的电子邮件，信中提到："一个寻常周五上班日的早上，一个看似寻常的街头艺人表演，却有着不寻常的意义……"

信中内容还写道："在人来人往的华盛顿特区某地铁站的入口，有一个人演奏了四十五分钟的小提琴，从巴赫到舒伯特的《圣母颂》，然后拉曼努埃尔·庞塞（Manuel Ponce）、朱尔·马斯奈（Massenet），最后再又拉回巴赫。

在这四十五分钟的演奏过程中，只有七个路人完全停下脚步，认真聆听小提琴手的演奏，而他的这段演奏一共只募到了三十二美元，当他演奏完毕一曲时，没有一个人给他鼓掌，在路过的上千人当中只有一个人发现了这名小提琴手的真实身份——当今世界上最有名的小提琴音乐家之一，约书亚·贝尔（Joshua Bell）。"

曾经多次获得格莱美奖的约书亚·贝尔，在地铁站里演奏的是世界上最难的几个曲目，而且他使用的是意大利斯特拉迪瓦里家族所制作的，价值三百五十万美元的名琴！但讽刺的是，在两天前，波士顿的歌剧院里，约书亚·贝尔的演奏门票要价上百美元，且座无虚席！

这件事真的发生在2007年1月12号星期五的上午7点51分，由《华盛顿邮报》所策划，目的是为了测试人们的知觉、品味和行为倾向。在原文中有几段影片，可以一探当时路人匆匆经过，却没有发现稀世珍宝就在身旁的情景。

当天，约书亚·贝尔低调地装扮成一个普通街头艺人的模样，也没有演奏那些讨喜的通俗曲名，而是经典名曲。车站也不是位于往来旅客素质较不平均的地段，而是华盛顿的核心地带，中产阶级居多的区域。

"如果一位世界顶尖的小提琴家，假扮成街头艺人，会得到多少人的认同？"同样的问题，记者问了国家管弦乐团的音乐总监，他预估一千人之中，大约会有四十人听得出这是个非常好的演奏，至少会有一百个人停下来聆听，而且一定会有群众聚集。但结果却如上述所说的那样凄惨，路人个个行色匆匆，仿佛人人都是每秒几十万上下的重要人物。只能说专家太高估平民百姓的音乐素养，还有在现实压力下，人们都忙着为老板工作，已经感受不到发生在身边的美好事物。

▲ 地铁站里的旷世奇才。

约书亚·贝尔在回顾这段实验时，说了一段挺让人感到心酸的话："这是个奇特的感觉，路人们竟然无视于我。"（It was a strange feeling, that people were actually, ah…The word doesn't come easily…ignoring me.）在音乐厅的情境里，约书亚·贝尔必定会在意听众咳嗽或是没把手机关机，但在这个现实的世界，他的期待却自动降到最低，一位理当受人爱戴，高高在上的演奏家，开始因为有人注意到他，或是有人给一美元而感到兴奋，演奏完一首曲目时，习惯性地享受听众如雷贯耳的掌声的他听到的全是寂静。

那位唯一认出约书亚的女士，因为三周前才在音乐会上听到他的演奏，因此她贡献了约书亚·贝尔所收到的32美元中的20美元，可想而知，其他人给得有多么少了。对约书亚·贝尔来说，这次经历或许心酸，但他知道这反而不是真实的状况，在他回到自己的世界后，他仍然会是受人爱戴的音乐家。此经历对他来说只是个新奇的体验，但相同的处境对一位真正的街头艺人来说，却是再真实不过的家常便饭。

现在我们来假设场景换了，这回真的是一位街头艺人的故事，我相信以他的才情，就算他不是知名的演奏家，在戏棚下站久了，总会有人发现这人是个角色，只是事情往往不是这样发展的，迫于现实的压力，他能不能熬下去？能不能坚持到底？抑或是他撑了几天，发现无法靠如此低廉的时薪生存，干脆改行去当了送行者？看到这儿，各位心酸的上班族，如果没有受到老板应有的重视，或许心里也能稍稍有些安慰吧？

在我的博客上，有位朋友提到心理学的月晕效应，这个理论是指我们在观看另一个人时，往往只会用自己仅有的认知去了解，自以为明察秋毫，事实上却是以偏概全。一位年轻貌美、身材姣好的女生，为什么会和矮胖的保时捷中年男子在一起？你会不假思索地说："因为她是个拜金女。"而一位音乐家为什么会在街头演奏？我们也习惯性认为："他的演奏不高明。"或是延伸推论出因音乐行业发展不景气而导致失业这样的判断，而且自以为这些推论合理无误。

然而，一旦下了判断，再敏锐的音乐鉴赏能力，都无法改变自我的主观意识。甚至可以反过来说，买票进场的观众，也可能仅仅是因为身处于国家音乐厅，才觉得这音乐感动人心。这也和"价格与质量成正比"的说法相当类似。比如，我们因为无法分辨两件类似物品的好坏而左右两难的时候，就会根据价格去判断东西的质量。

其实我们在工作上、社会生活中，或是各种购物的决策情境中，不也是如此？像是该买哪家的钻戒求婚会比较浪漫，哪块手表比较能够彰显自己的时尚品位，送哪个礼物能让自己显得有孝心，或是哪一种维生素对身体比较有效，等等，无一不是品牌对你创造出来的偏见和营销情境。

然而价格昂贵一点的，质量就一定比较好吗？买这一个品牌的钻戒，真的就可以换得恒久的爱情吗？这已经不重要了，因为让消费者产生偏见之后就是这么一回事，让他们相信"你获得的比你付出的多得多"，就达到目的了。

偏见的力量

在职场里，我们常认为主管想法守旧，不喜欢变化，而主管则认为年轻人缺乏经验，容易出现判断错误；在学校中，老师会认为成绩好的学生比较不会说谎，成绩不好的学生是害群之马，等等。甚至我们自己都说过类似的话：

"你们年轻人就是这样……"

"你们女人都是这样……"

"你们男人都是这样……"

"你每次都是这样……"

这些都足以表明，偏见确实存在于我们的日常生活当中。

在某一年的情人节，美国公益广告协会与联合利华合作，于圣塔摩尼卡大道上企划了"爱没有标签"（Love Has No Labels）活动。这个户外舞台设有一个特效装置，不管幕后站的是男女老幼，在屏幕前都会化为骷髅，让人无法分辨。

在屏幕中的骷髅彼此亲吻、拥抱，或是开心地舞动着，随着音乐亲密而欢乐地即兴演出，不过，当台下观众都在纳闷着他们的真实身份时，屏幕后的真人逐步走到了幕前。答案揭晓的那一刻，台下民众纷纷露出惊讶的表情！

貌似一男一女亲密亲吻的骷髅样貌，其实是两个女生；幕后的一对年轻男女热情搂肩，其实是一个黑人女孩和一个白人男孩；而开心跳舞的小孩骷髅，其实是位唐氏综合征患者。

这就是偏见带给我们的影响力，你感受到了吗？

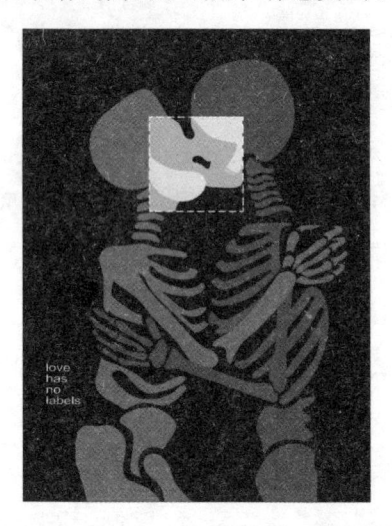

▲ 骷髅人，在拿掉了种族、年龄、性别这些标签后，我们都一样。

我们把自己和别人中间画上了一条线，认为弱势群体和我们不一样，认为老人家不会跳舞、患有唐氏综合征的宝宝不知道什么是快乐，甚至认为不同种族或是同性结合根本不能称作爱情。

如果远远看到一个脏兮兮的流浪汉，我们可能会掩鼻绕道；如果看到一对同性恋情侣牵手接吻，可能会投以异样眼光；甚至在搭乘公交车时，我们也会刻意避开汗流浃背的人。这些都显示着我们会因为外表去区分彼此。在"爱没有标签"的活动中，骷髅样貌遮蔽了每个人的真实身份之后，让大家面对了这个问题。无论我们的学历或道德标准有多高，也不管我们隐藏得有多好，每个人都会因为自身的观点而带有一些偏见。

我很主观，那又怎样

读到这儿或许你会说："对，我们多少都会主观看待事物，会以偏概全，但那又怎样？"每个人都有自己的喜好和厌恶，这也谈不上是错啊。

但如果刚刚那些案例，尚未唤起你的深切感受，这里还有个故事：

在下雨天的伦敦，有两个女人坐在餐厅里的吧台邻座喝咖啡，其中一位带了把街头常见的黑色雨伞，而另一位没带伞的女人在结账离开时，迷迷糊糊地拿起对方的雨伞就走。

带伞的女人大叫说："喂！你为什么拿走我的伞！"于是没带伞的女人一脸尴尬，频频道歉。这件事让她想起，等下去接儿子下课的时候会需要用伞，于是在离开店后她随即买了两把新伞，一把准备给儿子用。回家的路上，这两个女人又搭上同一辆公交车，带伞的女人盯着那两把伞，语带轻蔑地说："我看……你今天的成绩还不错嘛！"

这就是偏见所产生的力量。

我最近曾经在某个活动场合遇到一位我的博客读者，在一阵寒暄过后，我发现他对我默默下了一个"平时很喜欢下厨"的结论。但这个结论的来由，仅仅是因为我最近张贴了几次自制晚餐的照片，其中一次是简单的蔬菜汤，另一次更只是几颗煎蛋而已。但我给他的印象，却已经是喜欢下厨的人了。其实在几年前，也有读者以为我（Johs）的真实年龄是在五十五岁左右，见到我后他吓了一跳。其实是因为步入职场早，影响了我说话的方式和语调，加上特别喜欢某个年代的复古音乐，又会写书法等原因所致。类似事件不断地被呈现出来，在读者心里就逐渐塑造出了一种大叔的形象。这两个案例也都是很明显的偏见。

在一篇热门博文或新闻底下，如果刻意去做研究和分类的话，我们常会发现四种参与社群互动者的角色：反对者、拥护者、围观者，还有一些保持中立的人。我们的社群分析人员，包括我自己，时常会去研究一些热门文章或是新闻，看看不同立场的人，对同一件事情会产生哪些观点。

然而，营销人最忌讳的是只从单一角度来看事情。例如：你在校园里听见一位女大学生说自己在特殊场所上班，你可能下意识会觉得她堕落了；但如果有一位从事特殊行业的女性说自己白天在大学念书，你可能会觉得她努力向上。这是相似的道理，事实上她们是同一个人啊！

研究民众对各种事物的偏见，和研究品牌形象塑造的过程，其实十分雷同，也都是很有趣的事。而且很多时候我们都会发现，你初次见到她的情景和心情，就决定了今后绝大部分的印象，也通常不容易被改变。

虽然说偶像剧常常都是这么演的：一对原本互相不喜欢的男女，在一个巨大误会下遇上彼此，又不断发生一些事情加深了彼此的偏见。然后他们会慢慢解决这些问题，几个礼拜之后终于修成正果，把观众的情绪带入高潮。这样的剧情总是特别好看，但我相信，没有人希望这种困难重重的情节出现在自己的品牌里吧？

澳洲怎么解决种族歧视的问题

澳洲貌似欢迎各国人种来访，许多年轻人向往去那里打工游学，实际上这个国家对原著居民却充满种族偏见。

据澳洲精神健康机构超越蓝色（Beyond Blue）统计，有27%的澳洲原著居民经常遭受到种族歧视，而位于托勒斯海峡的原著居民遭受种族歧视的比列更是高达56%。有超过三分之一（37%）的人认为，政府所提供的原著居民福利，造成这些原著居民的懒惰个性，而且在工作或社会上也并不值得信赖。

你一定没想到，澳洲原著居民是这样子被对待的：当他们进到餐厅准备坐下时，其他人便会马上走开；走进商店买东西，店员盯着他们看的眼神就好像盯着小偷一样；应聘工作时，面试官都用看骗子的眼光看他们。这种感觉非常糟糕，但他们所遭遇的不平等待遇，并不是因为做了什么见不得人的事，只因其是澳洲原著居民。

而在现今的澳洲，原著居民在白人社会中依旧受到根深蒂固的偏见与歧视，在工作场所和社交活动会遭受到冷落或回避，这些都造成心理上的压力和伤害，进而产生了交友和工作的困扰，连带开始有了焦虑、抑郁、精神健康状况不佳等各种危险性的心理问题，或是酗酒、药物滥用、自杀等情绪性行为问题。

根据超越蓝色的研究发现，甚至已有超过两百万的澳洲原著居民，都有焦虑的心理状况，但大多数的人都没有意识到它的严重性，因此该机构发起了"停止、思考、尊重"（Stop.Think.Respect.）这项反歧视运动，拍摄的短片也在电视上进行播放。

在这部宣传影片中，澳洲原著居民不管走到哪里，总是遭受到非善意的对待，即使他们什么也没有做，旁人也会因为偏见而开始在心里恶意评断这个人。影片上传到YouTube不到三个星期，已累积超过一百万人次的观看，以及两千六百条留言，逐步让民众察觉到自己潜意识里的种族偏见。

"别和他眼神交会。""不可以坐他旁边！""你知道他在想什么吗？说不定在想着偷东西。"这些负面的声音是否也曾经在你的大脑中出现过，所以你下意识地避开那些和你不太一样的人？例如流浪汉、乞丐、汗流浃背的工人、外劳，或是超级尺寸的重量人士。在街上遇到时，你心里面可能会悄悄地想着：尽量别与他们接触，稍微离他们远一点。就算他们根本没做错，也没对其他人做出任何不好的事情。

有些时候，偏见是历史文化造成的，有可能是无心的玩笑，也可能是被刻意创造出来的。有人曾通过一些程序运算来分析大家的行为，发现我们会刻意隐藏我们不常点赞或忽略掉的信息，又刻意加强我们喜欢关注的信息，增加这类好友的曝光。这个特殊的现象，最近被称为"同温层效应"。其实，双方都有各自坚持的理由，并不一定有明确的是非对错。

刻板印象在商业市场上也有非常多的例子。

追逐阳光两百天的柳橙

我曾在电视节目上，看到某位专家利用各种化学添加物示范"该怎么把清水变成果汁"。这名专家先在杯中加入了柠檬香料，让清水闻起来带有柠檬的酸味，但喝起来还是没有味道；随后又加入了甜味剂，喝起来就比较像是柠檬汁了，只不过整杯"果汁"仍旧是透明无色的,和市面上出售的果汁差异很大。接着他拿出试管,滴了几滴起云剂到杯中,如真实果汁一般的半透明浓稠感立刻呈现出来,再加入色素搅拌一下,0%原汁的柠檬饮料就完成了!

▲ "该怎么把清水变成果汁"演示。

在广告法规尚未修订之前,市场上充斥着许多原汁含量极低,却假借果汁之名贩卖的商品,但后来政府规定包装上必须标示果汁含量比例,消费者才赫然发现自己早已被化学香料、调味料,以及各种营销手法给蒙蔽了。例如:散发浓厚香气,色泽浓郁,包装上印有食材、写上"天然"二字的,就比较容易被误认是纯正的商品。

这几年，各种食品安全问题浮现之后，消费者才发现，自己的味觉与身体早已被化学食品残害多年。只是一直以来，为什么都没有察觉出来呢？答案就是：商人们善于创造印象偏见。当消费者想要解渴的时候，很多人会从价格、口味、品牌印象、外包装、饮料颜色等思考点来挑选产品，且多半会把健康问题摆在最后头。

曾经也有几年，多肉少菜的外食族听到"青菜底加"（闽南语：青菜在这里）的广告词之后，前赴后继地去抢喝蔬果汁，但实质上它的果汁含量多寡，对身体的帮助有多少，消费者多半也是不清楚的。

如今法令规范较以往要严格许多，原汁含量不足的产品只能标注自己是"水果风味"的饮料，再也无法用"果汁"二字来为产品命名。然而现实情况总是道高一尺，魔高一丈啊。

几年前，市面上出现了一款热卖的水果风味饮料，也没有称自己是"果汁"，而是利用你对果汁的印象与偏见，让你误以为是"真果汁"。它的主要成分是水和蔗糖，再来才是极少量的柳橙果肉、浓缩果汁、香料等，果汁含量标示出仅占10%而已，原汁比例超低，却有娇艳欲滴的水果颜色，以及浓郁芬芳的水果香。这……莫非是找来了刘谦大师？这款饮料的特色是含有果粒。因为一点点略带咀嚼感的果粒，加上鲜黄的色泽，外包装上更在瓶身底部开个窗口，让消费者看到其中悬浮的果粒，真的很有真实感，因此我们产生一种"新鲜水果被保留下来"的错觉。但是这份"真实感",却也是商人额外添加进去的,和瓶身包装上的水果图片一样,都是"被设计"过的样貌。

该饮料的主打广告文案也写得很巧妙:"严选两百天日照的阳光果肉""追逐阳光两百天的柳橙"。企图把阳光和自己的品牌形象画上等号。然而,这两句看似是充满价值的品牌优势,其实只是非常普通的商品事实,甚至谈不上商品卖点。倘若追根究底的话,我们不难发现柳橙的生长期大约是七至八个月,在采收前的两百多天都是活在阳光下,扣除阴雨天的平均值,大概所有的柳橙都是日照两百天,根本不需要特别去严选的啊。看到这儿的你,也和我一样曾经误认它是一款又美丽又有果肉的"真果汁"吗?其实,不过是因为这些被商人创造出来的印象,左右了我们的认知罢了。

为什么要抽这个牌子的烟

美剧《广告狂人》(Mad Men)剧本背景设定在美国20世纪50年代,广告产业正蓬勃发展的时代。上个段落中提到的"追逐阳光两百天的柳橙"案例,让我想起该剧第一季开场时,主角们经手的第一个案子。

1964年,美国政府发表了第一份"抽烟与健康"的分析报告,间接影响了众多烟草从业者的生意,整个美国都陷入了"烟草对身体有害,抽烟会引发癌症"的恐惧氛围中。烟草商

Lucky Strike委托剧中男主角唐·德雷普的广告公司针对这次市场危机提出解决方案。

一开始大家毫无头绪，直到男配角彼得提出一个沟通概念："每天开车上班，虽然有人因此死亡，但你还是需要前往你要去的地方。因此，香烟危险又怎样？这世界本就充满危险。你是个男人，吸你的烟就好（You are a man, Smoke your cigarette.）。"

这个概念的辅佐论点是心理学家弗洛伊德说的："大众内心潜藏着'对死亡欲望的驱动力'，大众渴望死亡、内心有求死的意愿。"这有点像是冒险的西部精神，或是放手一搏的感觉。

彼得内心的想法是：因为健康报告已经被公布了，大家都知道烟草对人体有害，我们如果再怎么说"抽烟对健康无害"也无法扭转现况。因此只能转个方向——将原焦点转换成新论点。不再让大家聚焦于那份健康报告，而是审视自己的态度——像个男人，勇往直前。

但这是电视剧嘛！怎么可能让配角抢走光芒？这个论点看起来没有问题，然而只说对了一半。

大环境和大众的观念难以被改变是正确的，不正面迎战也是正确的，但他提出的沟通概念却是告诉消费者："反正横竖都要死，不如像个男人，和好彩一起死。"这不仅会让消费者将负面印象与该品牌做联结，而且只沟通到了对健康议题无感的男性,但这次目标对象其实应该是关心健康议题的人。

男主角唐不认同这个方向,而且突然发现这个健康报告或许不是个危机,而是一个绝佳契机,好建立品牌与众不同的形象,因此绝不主张好彩和其他品牌一样去触碰"健康报告"这件事,反而建议烟草商去跟消费者强调:"为什么你要抽好彩?"

于是唐问烟商老板:"你们怎么生产香烟?"他得到的答案是栽培(Grow),收割(Cut),加工(Cure),烘烤(Toast)这四个过程。

其实,每个香烟品牌都是经过相似的制造过程,只是Lucky Strike不用传统的日晒法,而是烘烤烟草与种子,男主角因此想出了一句广告标语:

"Lucky Strike, It's Toasted!"(幸运的一击,值得庆祝!也可译为:幸运的一击,是烘烤过的!)

当年的美国,香烟是男男女女不可或缺的商品,男主角认为每一个牌子都在强调"抽烟对健康并没有多大的害处",不仅无法加强品牌与消费者之间的联系,反而有可能会再次加强品牌与健康之间的负面联想,更让人记起那份报告。

唐提到生命中的幸福感是来自哪里,像是闻到新车的味道,从恐惧当中获得自由等,在抽烟享受的时候也会让人有类似的感觉。"Lucky Strike"是品牌名称,同时也是保龄球掷出一击全倒的意思,"Toasted"除了烘烤之外还有举杯庆祝之意,这个标语加强了品牌正面积极的形象,有着巧妙的双关语，极富创意，也将影响健康的这个劣势化于无形！

你不妨问问身边抽烟的朋友，大家都知道抽烟会影响健康却还是继续抽，对吧？当大环境都陷入烟草会致癌的氛围中后，每个品牌都聚焦在"解决消费者的负面印象"，一心只想扭转劣势，然而，品牌最根本也最需要传达的，或许只是品牌对消费者而言的真正价值和品牌的独特性！当大家都在做一模一样的事情，或许独树一帜、反其道而行才是解药。其实，烟草商自1917年就采用"It's Toasted"作为品牌标语，因为《广告狂人》的剧情安排，才把1964年的抽烟与健康报告（The 1964 Report on Smoking and Health）和1917年的品牌标语结合在一起。在此之前，香烟品牌常会引述医生或没有事实根据的言论，例如1930年好彩的广告上说，烘烤可以移除喉咙刺激及咳嗽的危害（Toasting removes dangerous irritants that cause Throat Irritation and Coughing），这种夸大的广告行为在1964年之后都不再被允许出现了。

倒不出来的西红柿酱，比较好

在20世纪80年代，番茄酱领先品牌亨氏，也就是一向用玻璃瓶装的亨氏番茄酱，遭逢了巨大的挑战。亨氏的竞争对手，发掘了消费者长期以来对玻璃瓶装的西红柿酱的隐性抱怨，因而推出了形状与玻璃瓶身相仿，但却是用塑料瓶制作的外包装，因为标榜更好挤出其中的西红柿酱且能轻松地倒出,用到一滴不剩,而且摔不破;除此之外,还大大降低了生产成本,以及因重量而产生的运送费用,可以说是解决了玻璃瓶身的种种缺点。

然而,亨氏番茄酱与其广告代理商并没有正面迎合市场方向,也没有将玻璃瓶立刻换成塑料瓶,反而是提出一句广告标语:

"The best things come to those who wait!"(最好的东西,给那些值得等待的人!)

亨氏采用的策略与好彩的不与"抽烟与健康"报告正面迎击的相似。而且亨氏也根据该沟通概念,拍摄了一支脍炙人口,并荣获戛纳广告大奖的品牌广告。

在广告中,当年才二十岁左右,因演出美剧《老友记》走红的演员马特·勒布朗(Matthew Steven LeBlanc)先把玻璃瓶装的亨氏番茄酱的瓶口打开,平躺在五层楼高的公寓天台,再从容不迫地滑下楼梯,向街上摊贩点了一份不加任何酱料的热狗堡,随后满怀自信地盯着屋顶,让西红柿酱准确滴落在他的热狗上。

看完这支广告后,可以更确定亨氏番茄酱完全不打算与塑料瓶包装正面对抗,反而是把不容易倒出来这个缺点转换为优势,让消费者认同亨氏西红柿酱比较浓,这才是质量优秀的表现。

这个例子在营销圈成为经典案例,同时提醒了我们,品牌主不一定要对竞争者的每一次出招都进行反应，也可以反过来利用消费者的成见做营销。亨氏临危不乱的态度与跳脱框架的思维方式，不仅让他们暂时躲过销售危机，也同时强化了经典番茄酱的地位。

而根据一些商业人士的推测，亨氏当年没有立刻改换包装的原因，很可能背后还有各种经营层面的考虑，例如：亨氏已囤积了大量的玻璃瓶库存，难以在短时间内消化完毕；改换生产流程是耗费巨资的，对企业影响非常大。

多年后，因为塑料不仅成本低、质轻，可减少运送时的搬运人力与油耗，还不容易破损，消费者的反应更加良好，使得塑料瓶成为业界主流，亨氏在最后自然也做出了妥协，改换为塑料瓶包装，只留下少数玻璃瓶的生产线。然而，至今依旧有一些来自餐厅的客户仍不想换成塑料瓶，因为玻璃瓶比较有质感，不给他们一种廉价的感觉。

宝洁：像个女生一样

当台湾卫生棉品牌还在强调商品功能，要求"超吸洞""很敢动"等商品价值时，宝洁却棋高一着的要女生做自己，不要活在社会的偏见中。

2014年，宝洁公司针对美国和英国的三千名女性，做了一份"青春期自信心与身心状况"的调查。有88%的受访者对于"女孩子就应该怎样……"的话语和标签，感到十分有压力；而72%的女性表示，她们对"社会的期望与要求"感到退缩，其中又有53%的女孩，在青春期过后，便丧失了去尝试她们在年少时想去做的事的信心。

根据这个调查，宝洁旗下的卫生棉品牌Always推出"像女生一样"的营销策略（#Like A Girl），获得了巨大的反响。"像女生一样"这句话常常带有贬义。像女生一样跑步，像女生一样打架，像女生一样丢球……社会化后的成人若听到指令，都会装出一种不太符合现实的"娘娘腔动作"，但拿同样问题去问小女生时，她们反而很忠于自我，直率地挥拳、踢腿，跨出大步向前跑。

#Like A Girl的宣传广告在YouTube上的浏览量，截止2015年大约有三千多万次，在没有广告投放之后，甚至在宣传期过后的一年多仍不断增长。2016年11月，已超过六千万人次观赏，而且这还只是英文版的成绩，在其他国家语系的观赏数量并没有计算在内。

这支广告除了拿下了2015年戛纳创意节的公关类大奖，也是美国超级杯史上第一则被播出的女性用品类广告。但或许是因为多芬多年来传递的"自信美"概念太过强大，当我在看同样很棒的这支"好自在"影片时，脑海里会不停地联想到多芬。如果你在看完广告后也有和我一样的想法，可以在"Motive商业洞察"这个网站上搜寻多芬的案例。

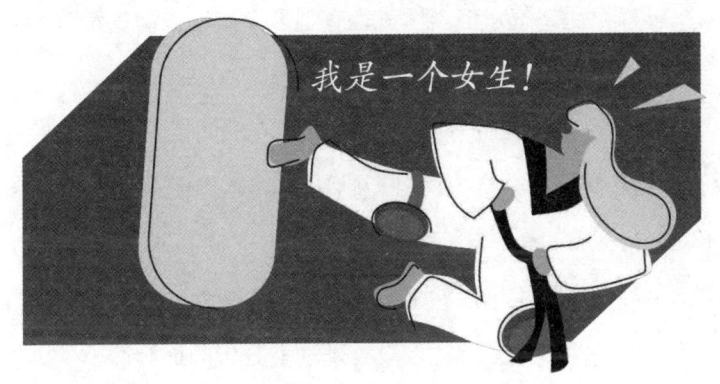

▲ 像女生一样，你觉得该是怎样？

经典口味的薄皮嫩鸡，为什么不卖了

你还记得肯德基的薄皮嫩鸡吗？这是约莫三十年前，肯德基刚进入台湾市场时唯一贩卖的炸鸡口味，也是我从小学到高中最喜欢的食物之一。

薄皮嫩鸡的卖点是创办人桑德斯上校使用了十一种香料调制而成的经典口味，后来也曾经因为《这不是肯德基！这不是肯德基！这不是肯德基！》系列广告而再次走红。但肯德基登台之后的几年，曾根据台湾人口味推出一款辣味卡啦脆皮炸鸡，并与薄皮嫩鸡并存，成了消费者最熟悉的两种商品。

在2014年5月，肯德基推出另一款同样采用十一种香料调制的上校薄脆鸡，默默取代了超过三十年历史的招牌薄皮嫩鸡。许多老顾客因为不喜欢新款，加上旧口味是无预警停售的，于是他们就开始上网大肆批评，甚至还有旅居台湾的外国人拍影片发泄怒气。但当然，也有很多消费者对薄皮嫩鸡一点牵挂的情感都没有。

如果硬要用二分法来分析消费者心理的话，那当人们进行购买决策时，会产生两种截然不同的运作模式：理性决策（Cognitive Model）与情感决策（Affective Model）。但事实上从本书许多案例中可以看出，我们在购买东西的时候，时常混杂着复杂的决策因素（往往没有理论上分析的那样简单）。启动理性决策的时候，我们会专注于产品本身的事实，例如价格、功能、性价比（C/P值），像是本章节中提到的"以发笑次数计费"的喜剧，就是用超高的C/P值与娱乐功能做保证，而剧情的深度、精神、文化或艺术价值就不是那么的重要；而启动情感决策模式时，会带着强烈的情感和情绪来进行消费，例如：对韩国演艺圈有憧憬的女性，只要提到该产品在韩国热销就会提高关注度，甚至有不少消费者会花上大把钞票，参加毫无产品功能可言的偶像见面会。

二十几年前台湾的快餐店选择比现在少了很多，薄皮嫩鸡对于当时的年轻人而言，几乎等同于西式炸鸡，因而放大了他们的情感价值。时至今日，这些人都过中年了，但快餐店的主力消费群体依旧锁定在高中生、大学生、年轻上班族，现下的年轻人自小便有许多口味炸鸡品牌可供选择，对薄皮嫩鸡也就完全没有情感联结，自然回归到理性的评估，也就是口味喜好的决策。

然而肯德基会将传承三十年的经典口味下架，认为现在的消费者比较喜欢咬起来酥脆、裹粉较厚的脆皮口感，相信是通过销售量分析得来。而另一说是：台湾的肯德基不太给薄皮嫩鸡操作营销宣传，而是不断推出新口味来吸引消费者，哗众取宠地推出太多商品，忽略了质量和服务的管理。当然，这点无法获得台湾肯德基公司的证实。

无论口味变化与现下销售群体分析如何，我相信，比起无预警的停售，肯德基其实可以办几场惜别派对，邀请死忠粉来迎新送旧，或反过来利用经典口味的停售来创造新闻议题，也可以让新产品更顺理成章地承接上去。

而在薄皮嫩鸡下架十个月之后，网友们的抱怨风波从未停止过。终于民意上达天听，肯德基挑选了全台一百多家门市当中的十家，重新贩卖薄皮嫩鸡。虽然并非全面性恢复，但也证明了——"品牌真的不能完全漠视消费者的心声"。

汉堡王也玩无预警停售

在2009年，美国汉堡王也有一起停售事件，只是他们将停售彻底当成一次营销噱头。

麦当劳的代表作是大麦克（Big Mac），汉堡王的代表作是华堡（Whopper）。这样说应该不会有人反对吧。但有一天，汉堡王的全体店员却和顾客说："对不起，我们不卖华堡了，永远的！"或是私底下把大麦克装进华堡的包装纸里，并偷拍消费者惊吓的反应。

这些顾客在得知华堡下架后，有的感到不可思议，且露出疑惑的表情；也有些死忠粉已经吃了大半辈子的华堡，听到停售或是看到袋子里装着大麦克，立刻飙出了脏话来！

肯德基停售薄皮嫩鸡是因为销售数据显示消费者的喜好有所改变，所以才进行商品线的汰旧换新，事后固然引发民怨，但毕竟是出于商业利益考虑，而"华堡吓坏了！"（Whopper Freakout）活动却是恶搞性质十足的营销实境秀。两支侧拍影片获得将近八百万次的浏览量，甚至引起网友模仿，重拍麦当劳版的"大麦克吓坏了！"，连剪接方式和取景角度都几乎完全一样，获得三百多万的浏览量。

汉堡王所执行的这个整人实境秀，最后会由汉堡王的那位"国王"亲自奉上免费的华堡，并安抚顾客们临近"崩溃"的情绪。我想，这是为了让消费者感受到"没有华堡后的失落感"，并试图彰显华堡在消费者心中的地位。

这种营销策略或许有趣，但对品牌来说也有可能是一种冒险，稍有不慎就可能产生负面效果。但在2008年至2010年，汉堡王把目标群众锁定在大胃口的年轻男性，而且在更早之前把"国王"形象具体化之后，汉堡王就以"无赖、搞怪、Kuso、不正经"作为沟通的基调，其中有许多引起话题也充满争议的案子，例如："国王"曾在半夜突袭睡梦中的顾客，预告门市开始深夜贩卖；也曾经在广告中示意偷窃麦当劳的早餐配方，宣告开卖满福堡了！

这些营销活动挑战社会大众的尺度，刻画出年轻搞怪的品牌形象，但也有评论家认为，这种沟通风格已经与汉堡王的品牌形象完全分离了。

第四章　旧的营销模式能够教会我们什么

互联网营销的复杂程度是所有媒体之冠，因为市场上有各种不同的网络平台与网站类型。十几年来，各种营销技术不断登场，一方面让我们投入更多的学习成本，而另一方面，也发展出各式各样前所未见的创意。但互联网营销并不是抢搭最新的科技热潮，就一定会赢。

本章节内容虽以新旧互联网营销为主，但不会过度吹捧最新最炫的营销手法，反而还会提到一些"有点历史"的案例，看这些"当年勇"带给我们什么启发（有些仍可适用于今，有些不行）。

第一节　怎样充分利用社群营销

"＿＿＿是品牌和消费者沟通最好的工具。"这句话简直像句箴言。在这十多年间，我至少听过二十个不同的版本，有许多数字科技或者创新名词被营销人放到上面的框框里，而社群营销则是从Facebook登台开始就被吹捧至今。

但实际上呢？若非要我说，社群营销这类方案的地位就和Office软件系列一样，每个人的计算机中都要有一套，但并非安装（采用）了它们，你就一定会成为商业高手或提案大师。

曾看过一个非常震撼的网络影片，那个年代还没有Facebook，而是朋友用MSN（Messenger）发过来的。影片中是一位颈、肩、手、胸、背，甚至面部、腋下、头颅都布满刺青的男子，在代言化妆品的广告。强有力的粉底遮盖住了他全身的刺青，然后又卸妆、恢复真面目。这支影片搭配节奏鲜明且强烈的音乐，获得了几百万的流量，我仅看过一次就永远记得，但也因为刺青的锋芒太强，模糊了我对于他代言的那个化妆品名字的印象。

过了一段时间，我在Facebook看到这个化妆品品牌的新案例，他们请来一名很漂亮的黑人女性，影片也是在拍摄她缓缓卸妆的镜头，直到最后我们发现这名黑人女性的脸上满是一块一块的白斑，也就是说她是个白化病患者。当她开口提到小时候的创伤阴影的时候，我脑中同时浮现出以前在学校里，曾有位同学因为皮肤问题而被霸凌的画面。从此我不仅记住了它，而且好感度激升。

▲ 刺青客创造出话题，白化症美女创造出共感力。

整个世界的运行速度变快的后果，就是每件事我们都想问：有没有快速达成的方式？有没有一定成功的方式？而在遮瑕粉底的两个案例中，成功的条件是什么？我猜你会说：他们拍了成功的影片，让大家愿意分享、散播，最终变成了一场病毒营销。

在第二章提到SK-II的时候，我们提到（提供）了四个几乎只要是成功案例都会有的共通规则：

1. 品牌抛出议题;;
2. 引发消费者共感；
3. 让网友参与讨论；
4. 进而产生认同。

从上述四项规则中，我抓到的关键词是：议题、共感、参与、讨论。白化病美女的影片可以很完整地走完这个流程。然而，全身布满刺青的那位虽充满话题性，却缺少了共感、参与、讨论的影响力，我们顶多是看完之后点了个赞，然后营销人员"哇"了一下，再赚来一些转发分享数罢了，消费者会觉得酷炫，但话题也仅止于刺青。

刺青客和白化病美女案例上的差异，其实才是旧互联网营销和新互联网营销的区别。刺青客的影片，能被赞，被分享，对传统营销来说已经算是成功了。

许多营销人面对互联网营销的顺应法则总是：找流行话题，用最新的工具，雇最火的网红。这样的操作方式常让人觉得，只不过是把"创造议题"这传统营销年代的做法，原封不动地搬到网上罢了。我们在帮客户操作社群内容的时候曾归纳出，下列几种特定类型的信息较容易引起网友的反应：

- 从来没看过的；
- 引人发笑的；
- 和我有关的、我想关心的；
- 令人生气的、不公平的；
- 夸张的；
- 怪异的；
- 让我感同身受的；
- 对我有帮助的。

但我希望你忘掉这些，因为话题性不代表能让消费者愿意认同这个品牌，而且太过强烈的信息，或是为求吸睛而忘记了沟通的本质，过一段时间后就会被另一个炫目的创意给压下去。

我们应该设想的是：除了让消费者点点头、笑一笑、玩一玩、看一看、爽一爽之后，能否与消费者建立更深层次的关联，才是品牌营销能否进入到下一个阶段的关键。

就像一部恐怖片，能吓到人和能让人产生毛骨悚然的恐惧感是不同的。

帮帮嘉义朴子的香瓜阿嬷

2013年夏季的深夜里，我在家中看到风灾新闻时，不假思索地搜寻了相关信息。发现有位不知名的网友，替嘉义这位不知名的老农妇成立了粉丝团。新闻大致上是这么说的：台湾嘉义地区有一个八十岁的农妇和地方农会租地贷款，即将收成，但因为前些日子台风侵袭，导致老农妇种植的香瓜全部浸在水里被泡烂，不仅租地耕种的贷款难以偿还，长期住院的丈夫也缺乏医疗经费，老农妇在镜头前痛哭。

约莫11点多的时候，这个粉丝团仅有四十多位粉丝，在版主的热心公益驱使之下，我点了赞，并将粉丝团推荐给了数十位朋友，我猜想，同时可能有四十多人和我正在做一样的事吧。

第二天起床后，这个粉丝团的人数已超过一万人。这则新闻引起了热心网友的关注，某位热心的朋友成立了粉丝团，而成员们又纷纷拖一拉一，主动地把信息扩散出去。这

种自发的涟漪效应,是因为网友都认为自己正在做一件正确且有益于社会的事。"嘉义香瓜阿嬷"事件,后续还包括这些:

- 找到老农妇的住所。
- 通过地方管道联系农妇,表达愿意捐款之意。
- 许多不认识的网友,互相约定时间前往探视。
- 引起民意代表、地方行政人员即刻关注,并前往探视作秀。
- 因老农妇婉拒捐款,家中电话被网友给打爆了。

"帮帮嘉义朴子的香瓜阿嬷"粉丝团(该粉丝团目前已关闭)在三天之内就获得两万七千名粉丝,网友们也在这段时间内,共同完成了很多善举。

这个事件我追踪了几天,我们也都清楚香瓜阿嬷不属于任何品牌,这个事件看似也与营销无关,但我心想,营销活动如果能触动网友的共感和情绪,也可以帮品牌完成许多事吧?

第二节　消费者愿意帮品牌做什么

你要朋友还是汉堡

最近有位湖南朋友来旅行,兴高采烈地申请了Facebook和

Line后，也不管认不认识，在一夜之间胡乱加了上百位好友。这让我想起台湾刚开始普遍流行Facebook的那一年，大伙都在追求好友数量的时候，汉堡王却办了一个反其道而行的活动——叫粉丝们"删掉十个朋友"。玩法是这样子的：

第一步，登入活动网页，帮你把好友头像捞出来，要删哪十个人自己选；

第二步，活动机制判断你是否真的删除了十人；

第三步，检查无误，就寄送一张华堡的兑换券到你的信箱；

第四步，到汉堡王门市，兑换最受欢迎的招牌汉堡。

营销效益是从删掉十位朋友开始的，随之，群众开始掉进了"病毒式营销"的漩涡里：

1. 从好友名单当中删除的十个人，多半会找出比较熟悉的朋友。

2. 朋友察觉这件事后，传信息来问你："为什么删了我！"

3. 经过你的解说和道歉，朋友也得知这个活动，朋友觉得有趣，也参加了这个活动。

4. 他从好友名单当中又删除了十个人。

汉堡王的这个案例，堪称社群营销史上最重要的里程碑之一。虽然，在技术上只需要一组小程序就可以办到。

▲ 该删哪十个好友呢？

　　由一个人扩散到十个人，十个人扩散到一百个人，一百个人扩散到一千个人，这就像超强病毒般，一被沾到就开始传染。而这个活动红到让Facebook官方跳出来干涉，因为在短短一个星期内，就有六万人次使用这个删好友的Facebook应用程序，共计有二十多万个好友被删除！

　　然而故事还没有结束。协助汉堡王策划这次活动的广告代理商接着乘胜追击，对传统媒体大发新闻稿，告知所有还不知道这个活动的民众们，例如还没开始玩Facebook，或好几天才上一次网的人。

　　其实汉堡王推出的这项游戏，灵感应该是来自于旧时代的"幸运信公式"。如果你和我一样是骨灰级的人物，或者是看过电影《我的少女时代》，应该还会记得以下步骤：

- 这封信来自某某传教士（或寺庙），在地球上环绕了N圈，幸运已降临在你的身上。
- 有人转寄出去之后，考上理想中的学校，也有人置之不理就生了重病。
- 再次强调：转寄就会有好运降临，不转寄就会遭逢厄运。
- 只要在几天内转寄给十个人，就可以获得幸福。

"幸运信"这个主题，最早曾出现在1977年的漫画《哆啦A梦》里。故事中的大雄收到一封"不幸的信"，必须转寄给三十个人才能消除厄运。正当大雄十分苦恼的时候，哆啦A梦拿出道具——信件反查邮筒，意外查出发件人是小夫，然后又找出寄信给小夫的源头。故事的最后，哆啦A梦与大雄让厄运信同好会的人彼此互寄给对方，才终结整个事件的恶性循环。

类似的这种剧情，其实是利用小朋友的无知以及上个时代的迷信心理，而汉堡王利用免费午餐创造出来的连锁效应，不仅幽默还更胜一筹。

当时汉堡王的广告代理商说："愿意牺牲朋友来换取华堡，可是忠诚度极高的表现。"可这种被免费赠品引诱而来的顾客对品牌并不会死忠，因为如果麦当劳也推出一样的活动，这群民众也会跑去参与麦当劳的活动，只不过"删除Facebook好友"这件事的话题性的确非比寻常。但是汉堡王在当时是以幽默恶搞形象出名的,若换到麦当劳,或者其他顾及自身形象的品牌,你觉得它们敢不敢这样玩?

在被Facebook禁止不久,汉堡王又用了另一种恶搞方式来表扬忠诚粉丝。他们在电视上推出一个互动方式极为简单却又不可思议的广告,名为"华堡欲"(Whopper Lust),据说是在夜晚时段播出。玩法是要我们一直盯着屏幕上热腾腾到冒烟的大华堡,只要死盯着三十分钟,就可以获得一张免费的兑换券;但这项活动的难度在于,每隔几分钟,你就要随着画面上的指令,按下遥控器的指定按钮。

像我这种没耐性的人,应该连五分钟都坚持不下去。但是,这场活动也让汉堡王送出五万个华堡,可谓是空前绝后!

人拉人模式(Member Get Member)怎么操作

"×××您好,我开设了一个Facebook个人档案,里面有我的相片、影片及活动。我想将你列为我在Facebook上的朋友,这样你就可以看到我的个人档案。但首先你得加入Facebook。然后你也可以设立你自己的个人档案。谢谢,×××。"这封由Facebook官方发出的邀请函,看起来还真像幸运信。

在Facebook进入台湾市场的第一年,就暴增了近四百万会员,包括Facebook以及众多热门的小游戏,都是依靠"邀请函"和"人拉人"的方式来快速提高扩散速度的。有些游戏甚至会把邀请朋友设计成游戏中的任务关卡，朋友则会因此收到一些有趣的游戏信息；有些比较坏心的程序则会默默"扒"走好友名单，使用你的名义发出一大堆邀请函。

《餐城》（Restaurant City）、《宠社》（Pet Society）这些热门游戏你应该还记得吧？在2009年时，每天都有数百万甚至上千万玩家登入Facebook。《开心农场》更是通过Facebook，在短时间内获得全球八千三百万名会员，一堆虚拟农夫每天挂网种菜、偷菜，也贡献了数千万美金购买虚拟宝物。

但好景不长，不过一年的时间，因为各家游戏公司"发送信息邀请好友"的行为太过泛滥，这种人拉人的扩散模式，在无预警之下被Facebook宣告禁止，各家游戏公司和广告公司，不得再使用动态时报和交友圈进行促销活动，不能再张贴信息到用户的动态时报上，也不能再大量地邀请好友、标记好友。

这条规定有一个不透明的过渡期。当然，Facebook并没有义务去告知各家厂商。除了游戏之外，一些品牌的营销活动也都在这么做，但只要被网友或竞争对手检举，或是扩散速度太快遭到Facebook察觉，就会立刻用封锁官方账号、关闭应用程序、停权等方式惩罚。一段时间之后，大家就都不敢再尝试了。

后来，Facebook进一步把各种商业信息都过滤到用户的垃圾信箱，等于间接宣告了Facebook小游戏的终结。而那些品牌活动，也无法再赚到免费的扩散。

在2009年3月，《开心农场》的发行商Zynga公司市值才突破百亿美元，但在同一年年底，却下跌超过80%，其原因除了竞争者涌入，农场经营类型的游戏过多导致玩家的新鲜感消退之外，还因为Facebook禁止发送邀请信息的政策，让游戏公司无法快速招揽玩家。

其实不难理解，人拉人的手法如果肆无忌惮起来，会引起民众对Facebook的反感，所以这样的玩法非禁不可；另一方面，虽然有一些品牌活动或游戏十分受到大家喜爱，但免费帮忙扩散这一点，其实也阻碍了Facebook赖以维生的广告收入。

比较让人惋惜的是，极受网友欢迎的游戏《餐城》，其开发团队在2010年被美商艺电收购之后，最高纪录曾有十七款游戏同时运营。但在来年，就有多达十一款游戏收摊。包括最受欢迎的《餐城》和《宠社》，这两款游戏都在2012年终止服务，最终沦为众人的回忆。

在这段时间，"人拉人"（Member Get Member，简称MGM）的营销活动多如蛋糕旁的蚂蚁，从营销的角度来看，是因为社群网站的使用方式，增加了消费者参与活动的意愿。

实体的"人拉人"不易成功的原因之一，是因为你（介绍人）需要填一堆朋友的信息：姓名、电话、邮箱……让人有一种出卖朋友来换取自身利益的感觉，这有点扭曲了人拉人的原意——好东西要和好朋友分享。因为我是真心喜爱这个品牌，所以我乐于推广给更多朋友享用。但在现实生活里的运作中，反而有点因为你刚好是我的朋友，所以让我利用一下的味道。汉堡王叫你删好友，感觉上是把这件事给颠倒过来，但本质上其实也还是一样的。

请试想一下，如果我们在街头活动摊位上，看到写着"用朋友的个人信息换饮料"的字样时，你会填下自己和朋友的电话或邮箱地址，只为了换取饮料喝吗？可是Facebook的分享机制却超级方便，随便选几个你觉得"应该也喜欢这个品牌的人"便能发出邀请，然后经过对方的同意就会生效。整个操作过程，你不会有任何的罪恶感，真的很接近人拉人精神——好东西要和好朋友分享。

运用Facebook登入活动官网，不需要再填一堆数据才能够加入会员，降低了参与活动的麻烦程度，只要轻轻单击一下"同意加入"，让Facebook取得品牌应用程序的授权就算完成了。接下来就可以直接让网友和品牌互动，岂不快哉？

例如：手机游戏会要求玩家登录自己的社群账号，便可看到自己在好友当中的排名，在游戏内聊天，或是互相组队、赠礼；或是，我们用同一组Facebook或Google账号，就可以登入各家购物网站。因此登录社群账号对消费者来说，还算有一点价值。

但在2018年科技圈也发生一件"剑桥数据中心事件"，他们打着学术研究的名号，通过在线测验等游戏，暗地里搜集用户个人数据，这件事被剑桥数据中心里的一位创办人爆料之后，因为媒体铺天盖地的报道，让这家分析公司失去了众多的客户和商誉，最后宣告破产。

"有一款游戏蛮好玩的，我正在玩！你要不要加入？"如果是朋友的邀请，大多数消费者都愿意点开来看看。只不过，这种手法后来就开始泛滥成灾了。Facebook也因为"剑桥数据中心事件"而决议要实施更严厉的管制。

消费者会喜欢品牌，或许是因为某个有趣的营销活动或是品牌创造出的某个话题等，期待自己加入该品牌后，可以获得更多的信息。可是，当这股热情开始消退或不存在之后，消费者有可能随时变心。试想一下，如果肯德基和麦当劳都举办了送汉堡的活动，汉堡王的粉丝会不会去？答案当然是肯定的！因为消费者对你的忠诚度，并不是代表坚贞的钻石啊。

根据一些非官方的统计，粉丝官网的博文的触及率已经降到0.5%至5%之间，如果上面的文字特别多、促销意图非常明显，这个触及率数字就会更低。就算品牌对网友超有诚意，消费者也超喜欢我们的博文，还是很难达到触及官网粉丝量的10%以上。除非你采取Facebook喜欢的方式——"多下点广告"，才有可能；或是用Facebook在2016年至2018年间推广的影音和直播。这两种方式能得到的自然触及率，也会比图文形式要来得更好。

身为营销人,如果从不曾用数字成效来取悦自己或上司,我只能说你技巧欠佳。但午夜梦回扪心自问时,我们应该思考:这些数字的意义到底在哪里?

对网友发送免费礼品或是抽奖,这种凑热闹拿"好东西互相分享"的活动,的确会让会员数、触及率、点阅率等瞬间上升,可是故事不会因此就结束,好日子也不会从此跟着你,更硬的挑战还在后头。因为这些人,来得急也去得快,为了抽奖活动而来的网友,并不会留下来和你的品牌掏心掏肺。

获得粉丝之后怎么让场子热起来、持续发光?是重质,还是要重量?怎么调整博文的内容?怎么下广告?怎么让互动的趋势越来越热络?这些才是社群营销真正的挑战!

Gmail的饥渴营销

Gmail平台正式开放之前,我们对Email里附加档案的大小总是斤斤计较,而且经常要清理信箱,以避免邮箱内存不够。在当时,Yahoo!的免费信箱不过20MB,Hotmail只有5MB,Google的Gmail提供1GB容量,对所有人来说都具有很强的吸引力,但偏偏它使用的是限量邀请制,让许多消费者望而兴叹。Gmail原本只在内部员工及亲友间测试,2004年年初,他们开始邀请一些Blogger.com的活跃用户。先找这些"意见领袖"的动机很好理解：因为1GB空间前所未见，又是早期测试，这些缺乏题材写文章的科技控和计算机玩家们都会乐意宣传。而这些种子部队也会得到一些邀请权，可以自行决定要邀哪些亲友。也因为一般人拿不到门票，只能眼巴巴地流口水，又更突显了这些博主的身价非凡。

这招可远比"付钱请他们写体验文"更棋高一着，对吧？

"你有Gmail的邀请权吗？你可以邀请我吗？"创造出当年科技圈最热门的话题，面对Yahoo!和Hotmail的迷你空间，Gmail简直是神一般的存在。但他只是创造出奇货可居的现象罢了，还因为一开始释出的数量非常稀少，一度成为可以在拍卖网站和虚宝交易网站上找到的有价商品。

此事件演变到后来，可能是台面下的账号交易现象有点失控，也可能是开发已经接近完善，准备粉墨登场了，Google在2005年初对每个Gmail使用者和博主都发送了50个邀请权，这些数量一般人根本发送不完，渐渐供过于求；不久后，则又简化了邀请的方式，只需输入邮箱地址就可以将邀请函发出。但严谨的Google还是过了两年之后，也就是2007年初才让Gmail正式登场，任何人都可以免费申请。

▲ 限量邀请制让Gmail更显奇货可居。

"你什么时候开始用Gmail的？"这句话其实和"你的QQ号码有几位数"（数字越少代表越早申请）一样，在网络圈甚至可以代表你的数字资历。

其实，有许许多多的网络平台都会采用邀请制，像在线游戏的封测会邀请忠诚会员或是具有号召力的玩家优先体验游戏，并把部分优势信息公之于世。其重点不是办封测，而是看商品有无足够的实力，让玩家们体验过后仍念念不忘，因为唯有这样才有机会造成回响。

在Gmail之前的胜者是Hotmail，它靠每一封信底下的"现在就到Hotmail申请你自己的免费邮箱账号"做宣传，即只要用户寄出一封信，就帮忙做了一次病毒式的扩散。这件事甚至被列为维基百科中病毒式营销的经典案例。而现在，你会不会觉得是Gmail完胜？

在2018年5月，本书接近完工时，我的交友圈中也出现了一间非常热门的酒吧，因为大家很想去，却不得其门而入，会员资格是推荐制的，而且只有会员本人可以预约。详情可搜寻"仅限员工的酒吧"（Staff Only Club）。这家酒吧的主持人，也是被Gmail所启发的呢。

社群扩散并不是一个机制，而是消费者认同一件事后自然而然发生的。

第三节　品牌忠诚到底有什么用

品牌忠诚度，除了购买时的知名度之外，到底还代表什么？它从何而来？会有哪些具体影响？在营销学的课堂上，品牌忠诚度总被教授讲得模模糊糊。

从广告学系毕业的新同事说："我只吃同一款口味的泡面。算不算品牌忠诚度？"这其实只算产品偏好和个人口味喜好，可以算是一个小粉丝，但还谈不上对品牌忠诚。

但如果，这个泡面品牌推出的每一种口味，不管难吃与否你都爱，而且每周换着吃，还和所有人侃侃而谈，列举出各种口味和其他竞争对手的优劣势，想出各式创意吃法，也知道哪个卖场的货色最齐全，那我相信你绝对是超级粉丝，值得被邀请到总公司一游,并且招待你三天两夜,还让你住五星级饭店。(我则会把你绑起来,当外星人一样剖开,看你的脑袋里还有什么创意。)

有些品牌喜欢问:该怎么提高粉丝数?抱持着"粉丝数和存款一样,越多越好"的态度在经营社群,这或许没错。然而,若把问题的先后顺序调整一下会更好:

1. 为什么我们想要这些粉丝?
2. 粉丝为什么想帮我们的博客点赞?

有些人则把社群停留时间减少或触及率降低的主因,归咎于Facebook的算法调整,加上日前爆发的个人资料的外泄问题(2018年,剑桥数据)导致人心惶惶,才让消费者不再喜欢Facebook。但对营销人来说,这两者应该都是伪议题。因为社群互动减少的原因十分单纯:

1. 刷屏点赞已不再像以前一样有趣;
2. 消费者在别处找到了更好玩的东西。

很多人的数字生活仅有Line和Facebook,但如果打开数字原生时代(出生时便有网络的年轻使用群体)的手机,会发现他们不只拥有一个社群。虽然还不到删除Facebook的程度,但他们会同时使用好几个不同的社交平台,包括直播、交友、电玩实况;玩好几个手机游戏;还有数十个目的不同的Line群组,打赏播主或意见领袖也都是家常便饭。

多力多滋的大胆军团

　　大家应该对"要推出新口味了，请大家帮忙贡献点子！"或是"帮忙投个票吧，可参加抽奖！"这种营销活动都不陌生吧？但如果连我们自己都不觉得活动哪里有趣，那参与者多半也是为了奖品而来的吧。如果奖品不够吸引人，广告预算下得不够及时，更可能连增加购买度和好感度都谈不上。多力多滋（Doritos）在美国有一个著名的冲击超级碗（Crash the Super Bowl）广告征选比赛，并在每年的9月登场，因为冠军可以获得一百万美金的高额奖金，广告作品还可以登上全美最热门的运动盛事——超级杯橄榄球赛（大约有一亿人收看），所以大受欢迎。这个活动从2006至2016年持续了十年，多力多滋累计收到三万多支网友帮品牌制作的广告视频。

　　而从2017年开始，多力多滋放弃了一年仅有一次的超级杯广告竞赛，转而做了一个网站：大胆军团（Legion of the Bold）。这个网站不断出题目给粉丝玩，如同在线游戏一样，参与者完成任务后可赢得徽章，还可以累积年度排名，每月的前三名可以拿到一千至两千五美元的奖励，并获得"资深创意人员"或"创意总监"这样的称号。

　　这些竞赛并没有太多的规则，通常就是帮多力多滋做一张贴图或一个短视频，粉丝可尽情发挥创意，比如：设计一个大胆的，有多力多滋精神的Instagram博文或短视频。其中一个得奖者，是拿了一张20世纪80年代旧照片来影像合成：妈妈抱着她的孩子，而小孩抱着一包多力多滋。文案写着："照片里的两个人，都抱着世界上最重要的东西。"（这张图，以我的PS功力，大约只需要二十分钟，由年轻人或学过设计的人来做应该会更快。）

▲ 照片里的两个人，都抱着世界上最重要的东西。

Mac&Cheese：我的广告，你来制作

我们常看到许多品牌都争相举办相似的募集活动或创意竞赛，但都不太成功。一来是因为并非人人都是创作高手，有的网友会觉得自己的作品上不了台面；再者，如果降低参与门槛，其条件放宽到每个人只要能说两句就能报名，例如"母亲节到了，写句话来感谢妈妈吧！"，虽然上传的内容增加了，变热闹了，可活动并没有凸显得特别精彩，最后落得网友不想看，更不想转发。

究竟该如何兼顾容易又精彩这两点，卡夫食品（Kraft）的Mac&Cheese通心粉是这么做的。

卡夫食品举办了一个活动来邀请广大的网友参与，只要你在Twitter随便写出一句关于Mac&Cheese的博文，就有机会被拍成广告，并且在电视上播放。

这个活动想到利用Twitter提高消费者的参与度还不算厉害。真正厉害的是：只要网友随便的一句话，卡夫食品就能点石成金。

卡夫食品每天从众多写到Mac&Cheese相关内容的博文里，从消费者最简单的一句话，如"现在我就要Mac&Cheese"，或是"无法停止想到Mac&Cheese……"，让该制作团队在一天之内选出五句话，并发展成五部三十秒的广告片，其中一部会在电视上播出，另外四部则会放到粉丝官网上。

在被拍成广告的推文中，都只有短短的一句话，实在佩服这些写脚本的人，究竟是怎么编出来的。而且场景、角色一再变换，一会儿是客厅，一会儿是会议室，一下又变成了医院。总之，卡夫食物就是有本事把一句原本很无聊的话，变得不仅仅是一支广告。

在一天内要完成这样的实时创作，甚至密集产出五部有剧情、有场景、质量不差、演员到位的广告片，对任何一家广告公司或是品牌主而言，除了是项新尝试外，更是一大挑战。这与过去习惯于精雕细琢的广告制作：想点子、过脚本、PPM、监拍、后制、粗剪（A copy）、精剪（B copy）等一堆流程的做法完全不同。

这样的创新尝试，必须由品牌主与制作团队密切合作，甚至品牌主也得充分授权，可能连组织、运作模式都要随着互联网时代的来临而改变。善写金玉良言的文案要变成编剧，负责快速产出剧情脚本；讲究造景、灯光的影片制作公司，要更像《全民大闷锅》（台湾红极一时的时事模仿节目）的创意团队，上午只要发生新闻事件，就要立刻决定哪个新闻有梗、谁来演、怎么演、内容是什么……到了晚上就要进行Live直播。

后来，台湾四十年的老字号品牌——孔雀饼干，或许也是参考了Mac&Cheese案例，结合了创意口味与实时广告这两个点子，推出"孔雀饼干，我的饼干"活动，向网友募集孔雀饼干的创意吃法，最后募集到摇碎了吃、沾牛奶吃、划拳吃、排队吃更好吃等，一共拍摄了二十五支广告片。

▲通过划拳，赢者吃饼干。

在活动刚上线时，这些由艺人杨佑宁来呈现网友吃法的影片，真的很受大家的喜爱，但越后面的影片，其浏览次数越低，因为网友会随着时间拖长而失去对同一件事的关注度，其新鲜感就会降低。但有位YouTube的博主拍摄了一部《恐怯饼干，我的饼干》的恶搞影片，比正牌影片的浏览量还要高，这应该算是品牌主和消费者得到的意外惊喜吧。

在Mac&Cheese推出这个活动前，他们曾推出另一个成功的前导活动Mac&Jinx，这个活动可算是主体活动的暖场，也可说是试水。

玩法是，只要任何两个人同时在推文中写到该品牌的内容（同时的定义是：十分钟内），就会随机选出两位民众，并同时送出一则中奖信息给他们，只要其中一位先按下信息中的链接并留下地址，就会收到五盒免费的产品以及一件T-Shirt。也就是说，如果你奇妙地与世上另一个人同时发推文，就有机会中奖。

据说这个活动有超过一百五十万个推友参与，也带动了更多网友愿意帮Mac&Cheese写出品牌内容。通过循序渐进的铺陈来引导网友，养成他们与品牌互动的习惯，这样的成果并非一蹴而就，可能要多做尝试才能抓到网友的胃口。但如果我们不开始踏出第一步，这一天永远都不会到来。

如何设计出让消费者参与且又有看头的活动，还得与品牌有关！？

如何区分品牌对社群的期待／消费者对社群的期待

为什么消费者会上社群网站？这个问题不需要找营销大师或趋势专家来回答，更不需要花时间编撰出一篇文章，再把原因分点列数。只需要观察我们自己和身边的人，并思考"为什么你我他要上Facebook？为什么你我他要看朋友圈？"就能略知一二。

大家不妨凭自己的直觉从生活中去找答案，像是：我想看看某位朋友最近的动态，我发现有件事情很有趣想要分享，有人在分享食谱、彩妆示范，我想要一些好玩有用的信息……这些都是我们自己的社群需求和参与动机。但也切记别把自己一个人或同温层里的观点，错当成了社会全体的看法，而是需要多方观察。

像英特尔这样冷冰冰的品牌，在2011年曾推出一个非常受欢迎的社群营销活动——我的博物馆。英特尔制作了一个应用程序，大幅简化了网友参与的玩法：我们只需要登入Facebook，点几下鼠标，就可以制作出一部非常厉害的影片——自动联结我们的大头贴、亲友照片，还有点过的赞、最常说的话，然后用影像合成的方式制作成名为"我的博物馆"的短视频，以回顾我们在Facebook上的历史轨迹，加上精美的配乐，让平时没什么机会当上主角的我们都乐翻天了。

帮网友创造合成影像并不是英特尔原创的点子，大家应该都看过游乐园或电影院门口，常有那种在板子上挖了一个洞，可以把头放进去拍照，假扮成某某电影人物的纸板装置，这就是最简单的一种影像合成。而在"我的博物馆"活动之前，也有网络营销案例是拿网友上传的照片和报纸合成，有模有样地假装成头条新闻；也有美妆品牌帮网友和明星照片合成。

只是英特尔把这样的影像合成作品做到极致，超越以往所有的案例，而且点几下鼠标就能拿到一个让人骄傲的作品，其实已颠覆了"必须先有品牌忠诚度，才能期待网友帮你创造内容"的法则。

在英特尔案例中，是品牌帮消费者创造一件很美好又专属于他们的礼物来诱发参与，而且参与方式十分简单。一样是送礼物给消费者，但我相信，与其把脑力和人力投资在"企划一个无法预估成效的创意活动"上，大多数的营销单位还是会认为办抽奖活动要划得来的多。原本只是隶属于英特尔亚洲区的品牌营销案，却意外在全世界爆红，短期内就有一千两百万人次使用，大概与当时台湾的Facebook总用户数量相当。因为此案例爆红，业界就有不少品牌开始推出功能相似的程序，但大多在动画效果和创意上都无法超越"我的博物馆"，所以只能纷纷在短期之内就默默下台。

而现今，光是官方Facebook就写了好几套不同的程序，帮我们自动创造这类影片。例如最近还颇具流行的"好友纪念日"，可以把你和某位好友的博文以及照片记录等剪接成影片，纪念两人的友谊。这个案例的成功之处在于：参与方式很简单，让消费者有所收获，参与过程中会产生很正面的情绪，也和品牌做了有效联结。我相信，这几点几乎可以当成一场社群营销事件能否成功的判断标准，而且时至今日依旧是。

由于自己连续七年担任广告奖的评审，而且每次都要在几天之内看完上百个参赛作品之故，我创造了一个还未公开分享过的评分工具：

1. 是否可以吸引消费者的注意？
2. 消费者是否可以简单参与这个营销事件？
3. 参与过程中或参加后，消费者可以获得(A)吗？
4. 获得(A)后，消费者能够产生(B)正面情绪吗？

5. 消费者产生的(B)，和品牌的联系是(C)？

6. 或(B)或(C)，会不会有机会被讨论？

依照顺序，如果拿到YES就进入下一题的审核，若拿到NO就淘汰。我喜欢担任初审的评审，而不是决选的评审，是因为初审才有机会看到当年全部的案子，你可以借此得知营销圈的整体趋势是什么，和去年相比有哪些异同点，有没有进步等等。参赛作品通常会是个几分钟的介绍影片，如果看完后，我觉得前两题的答案是YES，而且可以轻松地写下(A)(B)(C)，我就会让它入围，然后进入决选。但这种达到"完整沟通循环"的案例每一年都不多，因此我时常必须放宽要求。如果能过到第四关，或是(A)(B)(C)拿到其中两项就让它入围，以免太多奖项在我手上空缺。

乐高积木的创意外包

乐高是个极富创意的公司，这点大家应该都不会否认。但让人惊讶的是，乐高早在2000年左右，便推出自家的3D创作软件：LEGO Digital Designer。请注意，它是在Windows95、98计算机的年代，就推出一套很容易上手的软件，可以让根本不懂产品设计和3D建模的粉丝们，通过软件自行拼凑积木，还可以上传到网站和其他人分享。

乐高的想法还不仅如此。网友还可以下载他们共创的3D模型，自行编修改造，如果喜欢的话，还可以订购一组回来玩。

实在令人难以想象，这些是将近二十年前的点子。虽然乐高已关闭成套购买功能，但玩家仍然可用软件计算所需的积木数量，然后在乐高在线商店里一一购买。我们推测，由这套软件延伸出来的订购服务，很可能是因为商业考虑，例如：特别定制的零件不一定都有存货，或是特别定制订单和套装玩具相比之下利润较低等原因，才会停止接单。

不过，也不用感到太惋惜，现在的乐高官网做了一点改变，仍有两个很受网友欢迎的创作单元在运营中："创造与分享"是让一般玩家和小朋友可以上传作品的地方；另外还有针对高手设计的"乐高创意集"，其中则有数千个被称为专案的作品，而且还在不断增加中。和原本不同的是，如果某项目可以获得一万个支持者，就会进入评选阶段，乐高公司将考虑它的题材、研发难易度等商业问题，审核过关之后就会正式生产，让创作者获得1%的销售利润。

而所谓的商业考虑有哪些呢？例如：一个总经理办公桌尺寸大小的超大型霍格沃茨城堡真的非常酷，但如果需要五十万片的乐高积木，就有拼装上的难度，也非一般人可以买得起，而且在生产包装运送方面也会受阻，当然，也包括要考虑授权金、支出和销售量预估等较现实的层面。

想在"乐高创意集"上获得一万个支持者是个超高的门槛，因此自2011年起至今，只有九十多件作品过关，其中也仅有十六个项目成功变为商品，换算下来每年平均只有二至四件作品。但为了让自己的创意付诸现实，可以和全世界的玩家比拼，许多人都乐此不疲。

▲ 当一个创作被一万人支持，乐高就会帮你商品化。

这个通过网友创造的商品平台，源自于日本网站Cuusoo（音同Kuso）。在Cuusoo网站上，每个人都被称为创作者，可以上传任何商品点子。无论有多夸张、不实用、搞笑，或是异想天开，只要准备好完整的作品介绍，招揽一百个会员（准购买者）投票给你，就可以开始准备贩卖了。从现今的角度来看，Cuusoo有点像你我熟知的募资网站形式。

Cuusoo网站用创意测试平台来宣传自己，除了招募发明家和创作者之外，也募集全球各地可以配合小量生产的接单工厂。他们自2008年开始和乐高公司联合经营LEGOCUUSOO网站，推出的产品大受欢迎，也同时打响了"创作者平台"的名声，但不知道中间是经过了什么风风雨雨或是商业考虑，在2014年的时候，LEGOCUUSOO网站已经被移除，并将整个服务转移到乐高官网的"乐高创意集"去了。而Cuusoo则宣称，自己将转向与BrickLink.com这家在线贩卖积木块和小人偶的网站合作。

由于只需要一百票就能过关，比乐高官方的一万票门槛真的亲民许多，Cuusoo网也被许多创作者当成初试啼声的舞台。但失去乐高官方的支持之后，Cuusoo的光环瞬间暗了不少，也不再独捧乐高，开始回归多面向多元化的跨产业商品创作。

现在的乐高，有3D创作软件、新手分享区、高手分享区，这三种共创平台再加上可以在线购买各种积木块的在线商店，这些足够满足各种类型玩家的需求了。

谈到品牌设立的共创平台，在"我的博物馆"活动举办的同一年，日本创意团队操刀的优衣库创建了UNIQLOOKS，并立志成为时尚穿搭分享界的一方霸主。优衣库同时创建了粉丝官网、Instagram账号、App、官方网站，砸下了一大笔预算来推广。在这个平台中，申请加入会员就可变身模特儿，每个网友都可以上传照片，示范自己的穿搭，将穿着优衣库服饰的照片和大家分享。

UNIQLOOKS也举办投票活动，邀请时尚专家与服装设计师对网友的穿搭作品进行评选，网友也可以一起评分点赞，试图打造一个专属于品牌而且功能完整的穿搭网站。

品牌要自己经营一个营销导向的社群，肯定比单一波段的营销事件还难，UNIQLOOKS的庞大企图也在不久后就无疾而终。我们发现，后来网友上传的穿搭作品越来越乏善可陈，更新频率也越来越迟缓。许多业界朋友推测，是因为穿搭内容一定要有该品牌的服饰，也有可能是少了营销预算的加持，整体成效不如预期，整个UNIQLOOKS的伟大蓝图，在上线半年后就默默走向了终点。

▲穿搭完美体现品牌形象。

为什么优衣库的穿搭平台会告终,但乐高的创造社群,还有稍后要提到的宜家家具黑客,却可以成功持续至今?

我们先来看看乐高,他们把超专业的玩家引导到"乐高创意集"网站里,这些人创作的目标是为了量产,期待自己成为被全世界注目的乐高设计师,这里的作品被高调地称为"专案",煞有其事地指出:我们不是随便玩玩。而小朋友和业余者,则被乐高放到"创造与分享"区,除了避免色情作品或是侵害其他著作权之外,这里几乎没有什么规则,大家可以开心又自由地展示作品,也没有不够专业、害怕丢脸等问题。

反观UNIQLOOKS的分享规则,虽然标榜着让大家自由开心分享,却又违反了一般人的穿衣原则,例如:某人分享一条GAP牛仔裤配上优衣库的外套,穿搭的样式看起来很美,一般人会觉得没什么问题,但这却会让品牌不知所措,到底该拿这位网友和这张照片怎么办?因为优衣库也贩卖牛仔裤。

网友的参与度,是营销活动企划时的首要问题。虽然参与度和品牌知名度的高低并不一定是正向关系,就算是大品牌的活动也不一定保证会红,但网友在参与的过程中,有特定的情绪可以得到满足。所以当我们有了创意和话题性之后,更要专注于提升网友和品牌之间的共感联结(可翻阅前几页的广告奖入围筛选条件)。

消费者渴望参与品牌的营销活动吗？答案肯定是No！因此我们一定要记住，举办一个成功的在线活动，得先找出让网友渴望参与或逃离的原因是什么。

UNIQLOOKS一开始当然很热络，但他们限制了参与条件，也存在着迫使消费者逃离的因素，因为现实情况是，很少有人的衣柜里会塞满单一品牌的服饰。而且在现实世界中，也只有少数人会浑身充满表现欲，每天对自己的衣物搭配颇具自信。

对了，倘若你对时尚穿搭的App有兴趣，可以研究一下后来的WEAR、itSnap、Chicisimo、Polyvore。它们都是下载量高达数百万，并且直至今日人气都很高的穿搭分享社群。

"品牌黑客"帮你助力

某一年，为了装潢我们的新办公室，在网络上找灵感的时候，我发现来自瑞典的宜家，有一个由粉丝组成的非官方网站：宜家黑客（IKEA Hackers）。这网站的建立雏形，原本是由几个喜欢DIY的乡民，在自家车库中改装家具，并把成品发在了讨论区。没想到，这种另类的改装行为不断引起其他人的仿效，并慢慢扩大了其影响力。或许是团队获得了资金，就开始了商业化经营，也从讨论区摇身一变，成为一个内容极为丰富的宜家家具改造网站。这就是消费者品牌忠诚度的一种极致表现。

▲如何才能赢得消费品牌忠诚度。

什么是互联网时代的品牌忠诚度？这里有个很好的类比。比如看漫画，有很多人喜欢《海贼王》的故事剧情和其中的角色，但粉丝却也分成好几个等级，很可能是像这样的：

● 普通粉丝：看完漫画，开心，偶尔会讨论剧情和喜欢的角色。

● 忠诚粉丝：收集全套漫画，重复看好几次，也非常熟悉剧情。

● 超级粉丝：收集自己喜欢的角色公仔，参加每一个活动展览等。

● 极致粉丝：根据漫画中的造型，去制作衣服、订制假发，加上化妆、道具搭配，把自己装扮成漫画中的人物。

喜欢改造宜家家具的粉丝让我联想到以上信息。角色扮演者很可能都是最极致的一种粉丝，光是看漫画、收集公仔、评论剧情已经不够满足他们了，还希望自己可以"超越所有粉丝"以表忠诚，非但不求报酬，更是乐在其中。

由网友主动帮品牌创作的内容，被营销人称为"使用者原创内容"。这是消费者对品牌产生极高的忠诚度之后，才会主动提供的一种回馈，粉丝们期待通过"创作"这种方式来达到一些自我满足，其中多半是心理层面的，例如：

● 期待被品牌或偶像看见；

● 彰显自己比其他粉丝更热情；

● 强调自己是此领域的专家；

● 获得更多同好的关注与认同；

● 换得曝光机会。

如果你不是个有影响力的品牌，网友一定不愿意帮你创作，更何况是把作品传上网，告诉大家"我爱这个牌子"。因此营销人想到，一开始可以由品牌来号召一场用户原创活动，通过一些诱因，多半是奖品，或是代言人见面这类方式，让网友更有意愿分享与品牌活动相关的事。可能是一句话、一张照片，或是较高难度的互动，帮品牌设计商标、T恤图案这类竞图比赛。

在实际操作的时候，为求快速精准，都会举办一个短期的营销活动，顺序大概是：砸一点广告费来宣传，出个题目，找几个领头羊，例如博主，或是某某知名人士，请他们做出几个范本，借此引诱网友参与。

只是像宜家黑客这样自主性的群众外包，或是《海贼王》般登高一呼就有数百位角色扮演者帮你露脸，并没有几个品牌能够做到。至少，你必须居于地区性或世界知名的领先地位，产品种类够多，有特色到极致，消费者还要超级爱你才行。

所以请试想一下：花一整个周末改造了一个柜子，或是整个暑假哪里都不去，努力拼完一架星际大战的战机，乐高和宜家可是都不会付你半毛钱的。做到这样的程度，你会愿意吗？为什么你会愿意？

已经被营销人滥用多年的用户原创活动，其实都是靠奖金或赠品来吸引人，追根究底多半是我们害怕品牌力不足，却同时又贪求用户原创可能带来的热络。然而失败的原因却不是品牌力不足，而是我们无法创造出"可以激发网友热情，让他们想要不断参与"的心理因素。

多年前我们帮某饮料品牌做了一个匿名分享心事的App，过了好几年都仍有网友拿它来写日记。很难想象一个营销活动可以持续这么久吧！？

我们在第一章曾提到：2014年星巴克举办了一个为期二十一天的网友竞赛，但结束近一年之后，这些网友在纸杯上涂鸦的用户原创作品仍不断被网友分享。除此之外，更慢慢地形成了一种"纸杯涂鸦文化"，吸引更多人只要有闲暇就会来画一张，并乐于和大家分享自己的作品。在此之前，当然也有人喜欢在任何一个咖啡外带品牌的纸杯上涂鸦，但就此之后，我们一看到纸杯涂鸦，就会想到星巴克。这在消费者心中的烙印，真的超强！

星巴克的外带杯涂鸦，是因为最初的几位创作者（领头羊）引发了更多人产生"我应该也可以"的创作欲望，而宜家黑客们则是对现有的家具感到不满足，便善用创意巧思改造成他们更想要的样子，因为上传之后受欢迎，所以更诱使他们去做。这也是在第三章提到的一种"亲和需求"。而品牌巧妙地联结了这种需求。

如果你是一般网友，而不是身为某个品牌的营销人，当看见"为了营销而举办的用户原创活动"，与网友"自然产生的用户原创"，哪一种会更吸引你？如果对品牌的忠诚度不够，奖品不优，或是创作的水平参差不齐，比赛结果又无法彰显出自我价值，那么网友到底为了什么目的来参加活动？

最后，为了确保活动有人参与，品牌主先花一笔广告预算去推广活动，又因为已经花了广告费，而沦落到计算"获得一个参加者，需要花多少钱"这样的KPI（意见领袖），更可能安排特定人员去参赛，动员亲朋好友去点赞投票。我们根本可以确信，用广告预算和成效来估计的活动，打从核心就失去了网友共创的精神，也注定会以失败而告终。

谈到失败的用户原创活动，真的多如蜂蜜旁边的蚂蚁。

想想看，如果网友图的是奖品，他就只会玩个一次，获得抽奖门槛之后就拍拍屁股走了。然而多半的网友都是带着盼望参与，却又等着失望落空，毕竟99%的消费者都不会得奖，我们如何期待这种抽奖活动对品牌有多少好感度的加分？但如果你可以满足他们的"亲和需求"，在创作或欣赏创作的过程中，让他们情绪高涨，产生赞叹或启发，那效果可就不只是这样了。

在逛过宜家黑客网站之前，我根本想不到可以用极简的单元格柜改装成猫窝，用四格柜改装成迷你餐车，或运用第三方工具配件，例如轮子、纺织品、木件、铁件等，就可以让平凡的家具摇身一变，变得更有功能性或是更时尚。更重要的是，这些家具大家还真的都买过，但都只是平凡无奇地摆在那儿。网友对这些改造的家具"点赞连连"，当然会更激升那些黑客们的创作欲望。

我们在Pinterest可以找到数百个以宜家黑客为主题的图片收藏板，乐高积木的粉丝，也会做一样的事，很多人曾把乐高积木改作他用，例如最简单的相框和文具盒，当然也有更复杂的变化。如今，拥有三十五万粉丝的宜家黑客，可以依照浴室、厨房、书房、客厅等空间查询各式各样的改造实例，几乎每天都有网友上传作品，让平凡的生活空间更加多彩多姿。

- 贴上木皮、饰品，质感瞬间提升。
- 把柜子加上1:1的长坐垫，变身多用途家具。

- 不照说明书的组装方式，把A用作B用途。
- 把两种不相干的商品，组合在一起。

第一次看到黑客版的宜家家具时，许多人都会惊呼："哇！原来还可以这样！"好感度立马直线上升，我相信当初连宜家瑞典总公司都没想到，自家品牌会被一群网友发展成一个无心插柳的都市传奇。如果你对黑客和改装有兴趣，也喜欢乐高，不妨搜寻另一个关键词：#legohack。你会找到牙刷架、手机座、置物盒、时钟……许多巧妙又实用的东西。

第三节　究竟，怎么操作社群营销

曾有位刚从营销科系毕业的面试者问："经营社群，有哪些工作要做？"负责面试的主管说："把博文写好，拍出美美照片，下点广告，帮品牌创造一点人气，回复网友的私讯。"嗯，应该是这样的吧？还是，你也不太确定？

若从内而外去探讨社群营销的本质，我们会说写博文、做图、下广告、回留言、办活动这些只是最后呈现出来的事情，虽然它们会花掉且占去营销人大把的工作时间，可也只是社群经营的冰山一角。

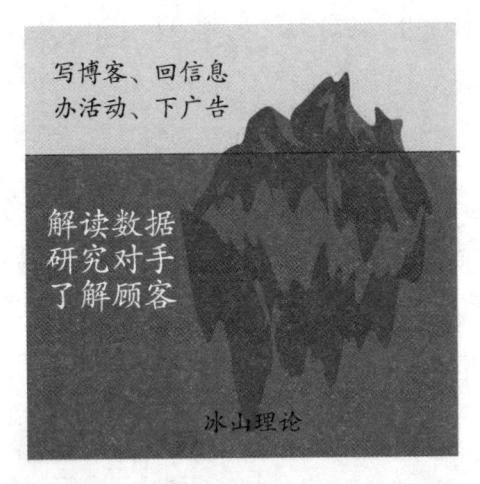

▲ 让消费者认识、喜欢你的品牌，如同冰山理论般，不单只是做好水面上的事就好。

福特汽车：百位特派员替你完成各种无厘头任务

美国福特汽车曾举办了一个寻找一百位特派员的活动，送出一百辆新车，免费试开半年。试车期间所有油钱、保险全包，代价是每个月必须完成一项任务，并将任务的执行过程，用文字、图片、影片发表在社群平台。这个活动每个月都有特定主题，在每个主题之下又有数十个任务，由特派员自行挑选；每个任务都经过设计，符合社群媒体容易被阅读、被传播的特性。

有关旅游主题的任务十分有趣，像是"到快餐店照着菜单各点一样，并分送给路人吃""感受开到没油的经验""带一位没见过海的朋友去海边"，类似这样好玩的事情，而不是让你去试"直线加速有多快""方向盘握感有多舒适""过弯有多稳定"等这种汽车性能上的无趣任务。

你可能会想，"'在路上送东西给路人吃'这种任务关福特什么事？我又不是慈济？！"但福特可没你想的那么笨呢！

美国福特汽车要的就是话题性与真实自然的内容，唯有集合这两个条件，才能快速在网络上累积大量的品牌声量，而且一辆你未见过的汽车行驶在路上，突然靠到马路边送东西给你，任谁总会问个两句吧？特派员会告诉你"我是福特嘉年华的特派员"，你若有意愿也还能顺便试坐一下。如此，目的不就达到了！

另外，在某些主题下，也会设计一些可以表达这部汽车特性的任务，但表现手法会以有趣的方式呈现，这或许已经是创造社群影片分享率的基本门槛了。例如"参观福特实验室有关汽车防撞测试的演进"，谁要看？但到了特派员手中，就会被调整成"白痴撞击测试"，因为这样才符合社群媒体的精神，也不致让网友觉得太吹捧品牌主。

这一百位特派员，其实都是网络上的活跃分子，能写能说能演的网红，个个皆是散布在全美主要城市的狠角色，经过这半年一百个任务在社群上传之后，官方称达到这些成果：

● 超过一万部影片被上传到YouTube，有超过四百三十万人次观看。

● 活动照片Flickr有超过五十四万人次点阅。

- 特派员通过Twitter接触超过三百万位推友。
- 超过五万人表达，愿意进一步收到新车信息。
- 这五万人之中，有97%开的不是福特汽车。
- 这辆未上市汽车的知名度达38%，相当于福特其他汽车品牌的知名度，而且是在有传统广告支持的情况下，才能达到的水平。

回想乐高、宜家、宜家黑客、孔雀饼干、星巴克涂鸦杯……这些惊人的产出成果，就算委托一家广告公司来做，也会执行到吐血身亡，最后一项知名度的提升率，更是总结了福特梦寐以求的成果。

倘若我们以传统营销的眼光来看以上这些动作，根本就是一种实体公关活动，但却是因为数字媒体和社群，才能让一百辆未上市的新车，让一百名网红代言人到处开着走，完成六百次轻松有趣的任务。

这不仅分享了体验心得，也在社群上展示了进度成果，达到了感性沟通的目的。

另一方面，福特也没忘了理性沟通。他规划了一个Twitter账号，请这一百位特派员专门来回答消费者提问。你来猜猜，消费者都问了些什么？没错，就是产品性能、规格、配备这些和理性有关的事了，诸如"我六尺三寸（约190厘米）、两百磅（约108公斤），这辆车会不会太小？""车门有没有中控？"等等。

这些答案都会由特派员们,也就是实际试开了半年的"消费者"来回答,而不是销售员或福特汽车的官方说法,再搭配上前半年的活动,这样的组合真是极品,完全发挥了传统营销活动达不到的效果。对消费者来说,我不感兴趣的信息,是干扰,对的信息在错误的时间出现,也是一种干扰。但如果你的内容成功引起消费者的注意、是他们需要的,他们不但会点击,而且还会自动自发地想了解更多,甚至帮你免费宣传。

后来,在澳洲的维多利亚州旅游局,也曾推出一个运行时间较短,但和福特汽车有异曲同工之妙的社群活动:"墨尔本遥控旅游"(Melbourne Remote Control Tourist),号称可以解决所有的旅游烦恼,并帮你完成各种想在旅游中尝试的情境。

他们结合了Facebook、Twitter、Google map、Foursquare、YouTube这些平台,安排了几位直播客,带着摄影机,穿上直排轮或运用各种交通工具,随时直播他们的所到之处,创造出一个身临其境的导览体验。

网友可以通过这个活动网站,随时掌握这些直播客的位置,还可以通过Facebook或Twitter要求他们办事,比如:你想知道某间咖啡厅的餐点好不好吃,就可以要求他们进去;也可以请他们和路人跳舞握手;买一堆杯子蛋糕分享给路人;或是去摸某人的头发。如果错过当天的旅游也没关系,他们会把这些内容上传到Instagram和YouTube,让消费者更加了解墨尔本这个城市。

活动期间，一共完成了来自一百五十八个国家、三千名网友的要求，有数百个全球新闻媒体和网络报道，其中最珍贵的是收集到八十个小时，完全由群众外包所创造出来的影片内容，一共累积了10.5亿次的浏览量。

星巴克：借你的意见用用

"星巴克推出的樱花口味拿铁，是我朋友给他们的灵感！"想想看，这句话或这件事发生在你身上，是不是有点酷？或者"我上次写信给麦当劳，建议他们可以卖×××，结果真的上市了，还收到一封感谢信"，你觉得这个消费者，会不会把这件"丰功伟业"向亲友宣传个一百次？

当粉丝对品牌的忠诚度越高，就会有一些人主动帮品牌说好话、给予建议，甚至当品牌有困难时，还会伸出援手帮助这家企业。当然，那些讨厌的"键盘侠"对企业的抱怨等，就像电影中的反派角色一样，也是必然会存在的。不过换个角度想，有句俗语叫作"嫌货者才是买货人"，面对负评的时候，先别生气，用真心和智慧去面对就是了。

几年前我曾经担任台湾手机品牌的互联网营销顾问，其中一个任务是在网络上观察品牌的正反两方意见。这个品牌的拥护者和"键盘侠"都不少，但该品牌面对负面言论的政策始终是："如果有人开骂给负评，官方永远不回应，等拥护者自动帮忙护航。"可见品牌忠诚度对品牌来说，是多么有用。

那时我们将正反两面的网友意见都收集起来，分门别类地整理与建档，并交给各部门在例会中讨论。因为这项任务是每天二十四小时监控，如果发现一些需要实时处理的问题，就立刻发出会议通知，往上呈报。我们做舆情收集的始终认为：就算是很细微的声音，都可能是影响企业的关键。认真的品牌经营者会想要获得真实消费者的意见，而不是好感度上升几个百分比，点赞数多了几百个，这种很虚幻的结案数据。

但不关注这些还好，一旦开始关心起网友，问题都来了。因为舆情并没有一个集中处，都分散在各种讨论区、BBS、blogger，或是每个人的个人Facebook里。

试想一下，连自家员工都不见得愿意对公司发表意见，网友更没有义务和责任去做这件事。因此，不管网友对品牌是给予好评还是负评，都只会发表在自己的社群；无论是买到烂东西，遇到烂服务，或情况反过来，当品牌给予他们正面回应的时候，都不见得会去公开的地方留言，甚至不会想去品牌的官方网站或粉丝官网上留言。因为网友发文的目的只是想向亲友们抒发感想，并试图创造感染力而已（详见第三章提到的"亲和需求"）。

而且网友们也会认为，这些品牌社群都是小编或工读生在管理，这些公司员工对自己的意见并没有直接的决定权。不然就是留了言也只会得到官方说法，难以解决问题，而且还会感到自己被品牌忽略。

在几年前，我们还必须依赖于大量程序与人力到各大论坛社群抓取文章，才能得到这些被藏起来的声音，而且这么操作的成本颇高。但近几年，我们是通过社群侦听工具，去自动监听网友经常发言的平台，挖掘内容，自动抓取相关文章，并分析网友提到的品牌关键词。

我们在第一章中提到过荷兰航空在阿姆斯特丹机场设了一个"战情中心"，集合二百五十个专员，以二十四小时监听社群的方式，实时地帮旅客解决各种疑难问题。我们公司内部的社群监听小组，也时常会帮政治人物或品牌监听各方舆论，了解自家产品的口碑，掌握竞争对手的风向和动态，帮助拟订策略。

除了成立专属的社群监听团队，我们也可以参考星巴克的做法，我称其为"拿网友意见来帮自己赚钱"。星巴克自2008年开始，便成立了可以让粉丝畅所欲言的官方讨论区——我的星巴克点子（My Starbucks Idea）。该讨论区没有特别严谨的规则，而且允许网友们有各式各样的意见和抱怨，包括另一个品牌的咖啡比星巴克好喝还更便宜，或是能不能让某款假期限定的星冰乐重新上架等意见。

我的星巴克点子这个网站，是由分享想法（Share）、投票（Vote）、讨论（Discuss）、了解星巴克对想法的执行状况（See）四个步骤组成的。你有没有想过之前提到的乐高创意集网站的运作形式？他们先是募集乐高的创作，再从创意的分享进入到投票，最后再到量产评估阶段。二者的运作方式其实非常类似，但我觉得星巴克更胜一筹，因为他们主动让消费者参与这家企业的现在和未来，例如口味餐点的建议、申诉抱怨、各种项目改善，等等。这个讨论区除了具备客诉功能之外，更创造出一个能够针对消费者想法进行改变的企业，对品牌绝对有更大的价值。像"可重复利用的纸杯""涂鸦活动""免下车""可用手机付费""忠诚会员的生日优惠""数字集点"等都是消费者提出来的点子，消费者也因此更加喜爱这个品牌，认可星巴克愿意倾听大众心声，会为了消费者而进步所做出的努力。

▲ 开放式的讨论区，集合群众的点子。

然而，将网友意见聚集起来并加以实现，在执行上并非易事，这需要非常庞大的管理流程以及额外的成本。因此星巴克采用了客户意见平台，让网友可以在十三个类别（从饮料、服务到装潢）中提出想法；同时，也成立了一个由四十个创意伙伴组成的管理小组，主动加入社群，负责指导并推动这些点子。

建立一个和消费者沟通的渠道，对品牌来说并不是难事，但组织要有勇气去调整内部流程，而非只是决定采用哪个工具，社群经营更不能只是由某几个比较懂网络的员工来执行，或简简单单丢给客服部门去处理。

如果这种以汇集民意为导向的网站，只由一个部门的人力来管理，其实是会出问题的。因为他们不可能熟悉公司每个部门的业务范围和方针，所以很难判断这些点子和意见是否要继续下去，或是否容易推行。因此星巴克的四十人小组分别来自公司的各个部门，各自有专长又可以互相支持，并担任不同项目的版主。

我们曾访问许多企业，在传统思维的企业中，通常只会指派一位员工，或让外包厂商来负责社群沟通。例如：我们曾尝试性地在华硕、宏达、味全等台湾品牌的官网上留言，他们多半只会说"感谢您的留言"，然后你的声音就消失在茫茫"网"海里了。

你有没有遇过一些消费者，会私下提供你一些意见，主动和你讨论品牌的事情？其实我问过几个品牌主，他们通常只会记得那些客诉抱怨或比较负面的事。

很多企业在社群只懂得积极处理客诉，因为客诉会导致负面情绪，倘若处理不好便相当容易蔓延开来变成媒体负面议题。但如果是对品牌的建议，负责处理留言的公关部门或是照着指导手册行事的客服人员，并不容易把网友的意见上呈，这些意见更不可能进入讨论程序；又或者，我们聘请了一位很热情的员工来管理社群，但主管却认为把博文和广告弄好就够了。这些都大大限制了社群进一步发展的可能性。

星巴克成立"星巴克点子"也许是为了让企业成长、转型、提升业绩、提高竞争力，或大幅甩开对手、炒新闻、提高消费者好感度……不管真实目的为何，或许以上皆是。星巴克从内部各部门征召了四十位伙伴转任"我的星巴克点子"网站的负责人，他们的共同特征，是对自家企业充满热情，在社群平台上，以各自擅长的领域和身份，努力让网友的好点子被实现，设法让消费者看见星巴克的改变。

还以为社群经营只是博文+广告+客服吗？"星巴克点子"网站持续经营了十年，每年都会收到上万个网友的意见，当中若有1%略具参考价值，就有上百个创意。这对企业来说，根本就是个无限智囊团！投资了十年的时间和四十人的团队营运成本，对绝大多数的品牌来说，的确不可思议。直至2018年关闭，结束了长达十年的超级任务。现在虽然还是可以提供建议，不过是单向的，也不开放讨论。

想要网友主动贡献点子，你必须先怀有真心诚意并且渴望提升自己,面对批评时先别生气,也别只是安抚或解释,而是倾听并将自己放在对方的处境中,再加上120%的服务热诚,以及一些让网友喜欢你的条件。虽然有点难,但我相信绝对可行。

容我再举个真实案例。网友Sandy说:"我上次在星巴克的官网留言,要他们复刻一款已经停产的星冰乐口味,结果一个月后他们回我这个点子很棒。再一个月后,我也真的在门市重新买到了!"

消费者被喜欢的品牌如此重视,你觉得他们会不会开心到爆?

所以,经营社群的意义是什么呢?回顾一下这几个案例:

● 星巴克社群平台,每年都会收到上万个网友的意见。

● 汉堡王请粉丝每个人删掉十位好友,造成了前所未见的扩散热潮。

● Gmail运用限量邀请制与超级产品力,成为市场上最炙手可热的电子邮件服务。

走在时代尖端的人,总是喜欢这种创新和冒险,但有好多好多被奉为经典的成功案例,其实我们始终都不晓得究竟是一场意外,还是万无一失的精心布局,更不晓得背后有哪些辛苦而不为人知的努力。

我相信,光靠营销预算和一家广告代理商,都不足以保证计划一定能够成功。至少,要先准备好十分强大的产品,可发挥创意的空间，还要有放手一试的胆量。

在传统营销观念下，我们早就被投资报酬率给绑架了。

就算得到的效果可能会是传统做法的N倍，但我们难以面对无法预期的成效，更讨厌无法被精确计算的投资报酬率。

简单来说，品牌内容本身至少是有趣而且难得一见的，这才可能创造出分享的条件。但这二者还只是吸引网友眼球停留一下的基本门槛而已。

叫粉丝删掉好友的举动，在营销圈真的前所未有，甚至还有点吓人，对营销部门来说根本无法预期到底有多少数量的华堡兑换券会被送出（营销预算无法估计）。Gmail将会送出无数个免费账号，在硬件和研发上面投以巨资之后，仍不知可以换到多少企业付费用户（虽然我相信Google一定早就计算出投资报酬率啦）。以及福特那"一百位特派员"的案例，还会产出一大堆"不保证能被营销部门掌控"的博文和影音内容。

我觉得这些案子的共同点，是愿意把投资报酬率的计算排到第二顺位，先建立起市场上最强的品牌印象和好感度再说。如果你曾掌管过营销预算，也背负过绩效，或者曾经想要说服老板投资一个新东西，一定多少会认同，这种心态思维转换真的比较困难。

这也是为什么，当我们在看到这些风险时，反而会千方百计阻止这种提案在自己手上诞生，这没什么错，只是本能地避免失误而已。因此，当在看到那些"我曾经想过，却被别人做了"的案例时，营销人也别太苛责自己。创新当然是各行各业都要鼓励的事，但有时候如果太过突破和创新，也可能是自寻死路。就看你的抉择。该保守一点，还是冒险一点呢？了解我们究竟在市场上处于什么地位，可能有助于思考此问题。但我觉得，因时，因地，因人，还是会有不同的看法吧。至少不要像我们正打算解约的一个品牌客户那样，要求每一则Facebook博文都要写上品牌名称和商品功效，也完全不能用商品以外的内容来接触消费者，却又期许触及率可以被有效提升。

不守旧到这种程度，就应该还有救吧？

品牌本身的内容至少必须是有趣而难得一见，才可能创造出被分享的条件。但这也只是吸引网友眼球的基本门槛而已。

互联网营销圈的造神运动

回想一下自己关注的领域，有没有一位××之神或××趋势大师这样的公众人物，共同点都是出了本书，书中阐述了他的成功之道，并把他的经验案例通过一些专有名词、方法论、小故事等，包装成一种属于这位专家的系统派别，让人觉得他很强，仿佛只要依照他书中的方法，就会换来成功。

但事实上呢？此举多半只是想通过知名度与专业度来满

足自己的一点私心，像政治人物在选举前出版传记，多半也是选战的一个环节。

想一下，在营销圈最红的营销大神有哪几位？我想提的，其实并不是你现在联想到的"某个谁"，而是"某件事"。在Facebook蹿红的头几年，有一句"B.O.E."可是被所有营销人都吹捧上天，而在此前后还有病毒营销、故事营销、内容营销、原生广告等其他地位略低一些的营销方式。

B.O.E.其实是指三种媒体类型：购买媒体（Bought Media）、企业自有的沟通管道（Owned Media）与盈利媒体（Earned Media）。这三者都是可以提升消费者对品牌认知的管道。

> 在规划营销活动时，我们会投放一些广告预算，和电视节目或网站合作，购买广告时段，这属于购买媒体（Bought Media）；另一方面，也要思考企业官网、产品外包装、DM这些企业可掌握的企业自有的沟通管道（Owned Media）；以及从社群中，消费者主动对品牌的讨论、推荐、创作、开箱文等所"赚来的"品牌宣传机会的盈利媒体（Earned Media）。三者合称为"B.O.E."。

若把B.O.E.拆开来说，其实没什么了不起的。E所代表的网友口碑老早就已经存在了，二十年前就有BBS和论坛，如今只是因为社群网站的分享功能而被再度突显出来。说穿了只是因为Facebook太红了，才导致品牌企业和广告公司都往这里飞奔。

前几年，营销人都还在吹捧"社群营销可以做到B.O.E.中最重要的那个E"，据说只要把营销活动交给社群，就一定可以获得解药。但我们却看到大多数品牌的那个E，都是用心理测验、小游戏、揪团、投票、抽奖、标注好友这类不算新颖的活动方式来招揽参与者的。

有些时候，我们要把自己从营销人变成消费者，才能够避免踏入这种显而易见的盲区。

当我们愿意向朋友介绍某家餐厅，帮他们做免费宣传时，是因为他们建立了漂亮的粉丝官网，还是因为举办了抽奖活动，抑或是做了一个好玩的心理测验？我相信都不是。一定是我们真心喜欢这家餐厅，觉得灯光美、气氛佳、音乐好听、餐点美味可口、物超所值、充满惊喜、服务热诚等，所以才会做出真心的推荐。当然也有可能是：你觉得不错但还不到顶级的程度，结果餐厅送你一张"买一送一"的券，下次你就带朋友来了。

既然如此，为什么许多社群营销活动，仍以增加粉丝数或点赞数为每一次项目的最终KPI计算，而不是用和网友建立多少品牌共感来计算？主因是举办这些小活动，花钱请博主、写开箱文、冲粉丝数，都会有立竿见影的数字可供老板参考；但品牌沟通却需要较长的时间。又除非我们公司的股票上市可以用市值来定价，否则也无法计算什么叫品牌价值。

然而十分现实的是，广告公司或我们营销人要的多半只是：老板喜欢、过程顺利、漂亮结案。在营销期内销售量或部分KPI数字上有提升，就算是"薪水与任务的等价交换"了。要一家营销公司或营销总监和品牌创办人一起背负企业的成长责任，或许，得要他们有另一层不寻常的关系（例如兄弟、姐妹交叉持股）才有可能。

科技是做好互联网营销的关键

关于这一题，我的答案是：不要一味地去尝试最新科技，但在面对新东西时也不要太过保守。这句话是星座大师或趋势专家会提供的那种模棱两可式的建议，可以一次性套用在不同人身上的一句解药。（抱歉，我是开玩笑的。）

有很长一段时间，互联网营销公司会帮品牌做Flash网站，后来开始做App、微电影、粉丝官网活动，或是把LBS（移动定位服务）、SNS（社会性网络服务）、户外互动装置（Outdoor Installation）、增强现实、二维条码、HTML5等新颖的工具类型和专有名词放在提案里，试图引起注意。的确，新事物和新技术真的比较容易引起注意。

我的公司也在顺应潮流地大谈创新，甚至还因此拿过许多广告奖。然而"运用新技术而成功的、真正精彩的案例"在营销圈真的屈指可数，反倒是当某个案例爆红，成为业界典范之后，就一定会出现非常非常多的"追随模仿者"。

善用数字科技，赶潮流，就可以做好互联网营销吗？我想重新回答这一题。

其实，应该在构思营销操作前，先想想看这个工具能不能帮品牌解决问题，如果团队中大家都觉得可以，那就做做看。千万不要因为老板喜欢什么，广告公司提什么，或是时下流行什么，就去搞一个玩玩。

在2016年，虚拟现实又因为VR头盔（VR眼镜）这个设备开始热门起来，像宏达、索尼 PS4、三星都推出自家的VR产品，除了电子游戏和色情领域，VR也开始被运用到营销活动上。

迪奥和三星合作推出Dior Eye，让消费者可以近距离观赏时装秀的台前幕后。你会不会想看一下那些超级名模和彩妆师在后台的样貌？虽然你所观看的画面是剪辑过的，没有什么脱穿衣物的镜头，不过却比以往所有的时装秀影片更有现场感。

《纽约时报》则是对他们的实体订户寄出一百万个Google Cardboard，这是一种用纸板做成的简便式VR眼镜，目的是推广一部战争下儿童无家可归的公益影片《The Displaced》，你只要把手机卡插入VR纸板眼镜，便可观看遭到战争摧毁后断垣残壁的城市。

前阵子，我也在台北闹区看到一个韩国美妆品牌，只要购买到一定金额，就可以在门市戴上VR头盔，和帅哥代言人玩约会恋爱的游戏。

近期有许多抢搭VR热的品牌，推出各种体验活动，很吸睛，做起来也不便宜，但到底会流行多久呢？如果在互联网营销领域待上几年，你会发现，大家都很喜欢运用新奇流行的产物。但当消费者不再对此感到新奇，这些一窝蜂出现的产品也会很快地消失，而且消失后，就几乎再也不会出现了，仿佛大家都恨透了这个东西一样。

▲互联网时代警惕被商家误导。

因此，高流行度的同时，也代表了高淘汰率。如果是市场触角比较灵敏的品牌，可能会赚到一些话题效益带来的流量，而动作比较慢的品牌就真的很可怜了。一场精心设计的活动却早已失去新奇感，花上大笔预算制作的内容也因为不在话题上，消费者连看都不想看一眼。

微电影也曾经有过一窝蜂式的使用热潮，对吧？但现在，我们还记得的微电影品牌有几个呢？

这种现象在营销圈层出不穷，如AR的应用、品牌App、体感装置、互动广告牌、LBS，等等，这些营销应用都曾经被炒作起来，然后又快速地消失，大家避之唯恐不及。或许现在流行的影音营销和直播，不久后也会面临类似的结局。

营销应该是介于品牌和消费者之间的一个介质，能够连接两端，可以像一根水管、一条绳子或一块双面胶，采用很多种方式来联结的，不管是写博客、拍微电影、找一群网友来做一件事、做一个活动网站、玩一个社群活动，等等，目的都只是"通过创意与消费者建立联结"进而解决营销上的问题，采用什么工具介质反倒是其次，更不能认为运用了某款工具，就是做到了营销。

当我们想要企划一个营销项目的时候，会怎么开始进行企划？许多人会是先决定采用一种工具，然后才去填内容，因为这种工具是当今趋势，因为它正红。我刚开始做营销的头几年，对此也有很大的误解，所以也曾疯狂地去追求过。

但企划的流程难道不应该是"找到应该解决的问题（Why?）→找到沟通问题的方式（How?）→决定采用什么工具（What?）"这样的顺序吗？

我们可以反复地向自己提问：若这个VR（或App，或任何互联网营销工具）是品牌和消费者之间的一座桥梁，那这座桥将带消费者去哪里？要让消费者体验或感受的是什么？如果不是VR这项工具呢，那是否有更好的方式或手法去做？

若我们决定做个App，但没办法创造联系的话，消费者可是会毫不留情地立刻删了App。我相信你也是曾经下载了许许多多的App，现在大多数都删了，对吧？让自己扮演一个严格的消费者，肯定是营销人必须要做的工作啊。

每一种数字工具的作用都不相同，假设深思熟虑之后，在营销圈已经不再流行的App或曾经的某某趋势恰好能解决我们的问题，当然还是可以用它。但采用某某营销工具，参加某某大师推荐的课程，加入某个当红的平台，或是看了你手上这本热卖的营销书，就"保证、一定"会帮助我们的生意吗？答案当然是否定的。

在学习、追寻，或自我风格建立的过程中，我们最常发生的状况，是缺少思考和辩证，因为跟随潮流真的过得比较轻松，也不容易出错，而且就算出错了，也是大家一起出错。这可以响应第三章讲到的旁观者效应，如果我们不是第一个人或是最有力量的那个，那多半就是旁观者。

营销任务，永远比营销工具更重要。但一起盲目追求新科技或炒作趋势的现象，在互联网营销圈真的过于泛滥了。

后来，有些品牌和营销人开始主张内容至上，呼吁大家应该回归到营销的根本，不该以追求新奇炫技为傲，不要靠办活动和媒体曝光来吸引短暂的关注度，而要用优质的内容来吸引真正的粉丝。但到底品牌该创造哪些内容？内容营销会不会又是另一个即将退潮的趋势呢？这个问题就留给大家思考啰！

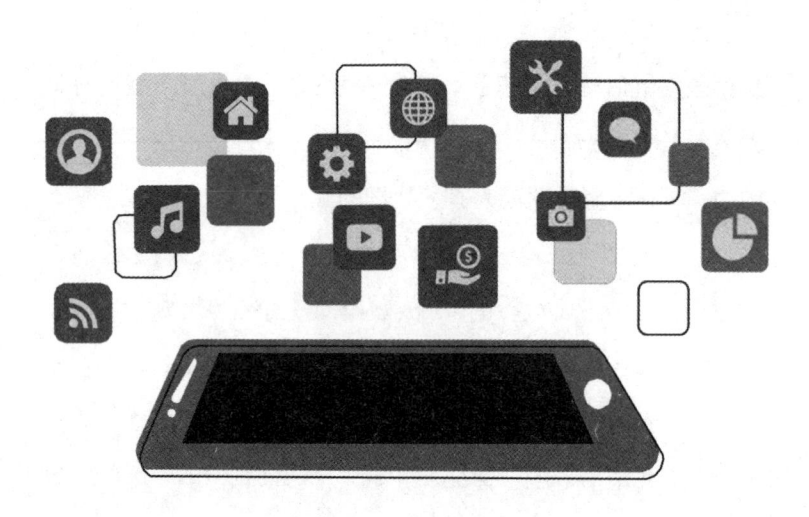

使用新工具前自问：它会是品牌与消费者间的桥梁，并能创造共感联结吗？

第五节　那些年，我们一起追的内容营销

在二十世纪九十年代，互联网发展的初期阶段（我们可以称之为旧互联网营销时代或是数字1.0时代），我们会谈到三个C：内容（Content）、社群（Community）、通讯（Communication）；而近几年的互联网营销，则以新的四个C为主轴：社群（Community）、内容（Content）、群众外包（Crowdsourcing）、共同创造（Co-Creation）。

在进行一个互联网营销规划的时候，我们会帮品牌设想

出时下最流行的平台工具，当然也包括那些绚丽多彩的数字科技。但它的本质依旧是为了沟通。从旧的营销方式到新的互联网营销已经过了将近二十年，我们帮品牌创造的也仍然包含了内容和社群，几乎没有变过。

然而究竟什么才是品牌该拥有的内容？简单举个例：一家专卖素食的餐厅创立了博客（或官网、粉丝官方账号、影音频道），每天固定介绍国内外的素食饮食趋势、素食者的健康须知、食谱、营养学知识，等等，阐述的内容也言之有物，久而久之，这个博客就成为素食主义者必逛的网站。

我们也可以把素食餐厅替换成：

● 教你去法国怎么玩的旅行社；

● 教你怎么养宠物的爱犬食品公司；

● 教你孕婴知识的纸尿裤或奶粉品牌；

● 教你跑步训练技巧的球鞋或运动服饰。

内容是营销的基本功。会这样说，是因为无论品牌官网、博客、影音、讨论区、网络活动，甚至电子商务，无不靠内容来吸引人。

如果你去研究淘宝商家，会发现许多店家的商品介绍，都使尽全力去展现商品特色，商品页面中有高帅漂亮的模特儿、产品各部位的细节拆解图、略嫌夸张的功能和材质演绎、规格胜负比较表格、生活情境示范、买家实穿心得，等等，这些都只是在内容上的基本功，为的是让你还没摸到商品时，就尽可能地先去认识商品。

内容营销也和植入营销有点类似。例如《007》系列电影中的植入营销。你会看到男主邦德总会开着帅气的跑车、穿着利落的西服、戴着名表等，这些品牌总在电影里用各种帅气的方式被呈现出来。而消费者的阅听顺序是看电影、被娱乐，然后再接触到品牌。

假设，有一个厨具用品邀请《007》的男主出演——"如何下厨烧菜俘获女人心"，并一连推出好多集，这就是内容营销做法。消费者的阅听顺序其实还是看影片、被娱乐，然后接触到品牌。

二者的沟通顺序虽然是一样的，而且都是以娱乐观众为出发点，然而在电影里，品牌会被电影本身的娱乐效果和剧情稀释，也因为同时植入的品牌数量很多而失去独占性；而内容营销则是完全依照营销需求而量身定做，是完全为了品牌沟通而被企划出来的。

例如电视上常见的健康节目，总是先聊到现代人的某种健康问题，接着提到几种对策，并请来医生、营养师、艺人以及产品专家，从不同的角度来讨论，而其中一种×××营养成分可以帮助解决这个健康问题，因此介绍×××的医学原理、营养价值，以及这种病况带来什么危机，等等。节目企划单位把商品潜移默化地安置到节目内容中，让消费者难以察觉。

但如果把常见的电视节目植入，约莫一小时的电视节目内容拆开重组，变成几篇博客文章，拍几条网络影片，或做成在线直播问答的话，其实也就属于品牌内容的植入了。

还是同一句话，不要太迷信于专有名词和趋势。

做内容和做植入是一体两面，较明显的区别是：植入营销是较短期的操作，而内容营销是要长期、持续地让消费者愿意一直回来；其共通点是二者都必须让消费者得到一些收获，可以是用有趣的内容让他们获得娱乐，用知识性的内容让他们开始关心某议题，或是创造不可思议的事件让消费者叹为观止（详见第一章）。

在内容营销的任务当中，即刻销售并不是首要目的，市场区隔和好感度的营造才是首要的。在内容营销中我们只需要专注于以下两个任务：

● 通过内容，让消费者觉得产品和自己有关联。

● 通过内容，让消费者更加喜欢或更加认识品牌。

但大前提是：

● 产出的内容，对消费者有什么好处？

● 能否先藏起销售意图，不要卖得太明显？

不管你是什么产业，设定内容主题的第一要务，想的都不该是"我的商品有什么特色？""促销活动该准备什么的赠品？"想看你品牌内容的人或许也想知道这些信息，但这些不能成为你内容的主角。就像《泰坦尼克号》电影一样，大家都冲着"这巨大的船，到底是怎么沉没的？"而来，但沉船这事只有几分钟，整部电影却是由许多故事、角色、情绪来提味：爱情、亲情、友情，还有人性的贪婪与无私……这些综合体加在一起的结果，决定了消费者是看完电影后便忘记，还是走出戏院之后，依旧沉浸在整个故事之中。

有什么是我们在短短的广告当中说不清楚，但可以和目标消费者建立联系，又会让人觉得实用或有趣的？这些都是企划的方向。

你或许会想到，某些品牌会推出自己的会员刊物，美国Whole Foods超市针对妈妈群体推出一系列的内容：教你省钱的优惠券、有限预算的食谱、主妇省钱妙招、适合夏日喝的酒、如何让你的厨房更好用、如何举办派对、如何废物利用等内容。和塞满你家信箱的直接邮寄广告相比，你喜欢哪种？

另一方面还可以思考，会有哪些细节，可以增加我们的品牌质感，或是让消费者想到某件事就一定会想到我们？至于形式，那可以是App、网站、印刷品、影片……无论哪种媒介都行。

在H&M官网上，有个分类区块H&M Life，粉丝可以在这个分类里汲取世界各地的时尚灵感，涵盖范围不仅只是H&M自家的产品内容，还包容其他品牌、彩妆、设计师，很多消费者都是冲着这些内容的。H&M把粉丝的特性锁定在——一个什么都要追随的年轻女孩。也因此花费心力给这些女性提供最新的服装饰品，时尚趋势的博文，或是季节性的穿衣指南；使用相簿的形式，为不同个性的年轻人搭配时尚单品，虏获年轻粉丝们的心。而对H&M而言则是掌握了发言权与主动出击的权利。

LV：时尚我说了算！

有一个专门介绍奢华生活方式的网站，从网站名称NOWNESS开始，就没有半点品牌的影子。该网站每日固定产出一篇独家内容，不但不是在卖自家的产品，还十分大方地介绍竞争品牌的信息，网页上看不到任何一个广告图像，除了内容还是内容，而且一经营就是六个年头，遍寻整个网站也找不着背后的"影武者"，但时尚品位人士和有心人都知道这网站隶属于哪个品牌。是不是很奇妙？

如果你看到Louis Vuitton两个词就吓到腿软，认为"它做得到的事，我的品牌做不到"，于是便开始自暴自弃的话，那就枉费你买这本书了。

没错，LV的官方媒体——NOWNESS，内容的丰富多元程度，以台湾本土品牌的实力和财力，应该只有做到顶尖的那几位可以做得到，大概就像是创办了一本《ELLE》或《VOGUE》杂志全球版这么难。

但我提出的重点，并不在于"要你和LV做得一模一样"，而是学学LV经营品牌的精神与理念。我们先来看

NOWNESS网站的自我介绍：

"NOWNESS是一家国际文化在线平台，每日呈现独家内容。我们为热爱创意文化的人士精心策划出一处信息收集地，同时也让其成为媒体和时尚领域从业者们的一个参考点；此外，我们还致力于杰出艺术家们的合作，积极发现、创作并展示卓越的创意作品。"

说实话，我看过太多品牌自称要如何如何的信息，最后却都沦为自我推销或是言行不一的例子，但LV经营的这个网站还真的说到做到。NOWNESS网站内容以影音为主，共有九个类别，从艺术、美容到时尚、旅游等，目标对象关心的议题都囊括其中。除了英文之外，唯一的其他语言就是中文，而且完全同步。

过去品牌靠投喂新闻稿给媒体，再通过它们接触到消费者，或是任由网友替你诠释。现在品牌主自己诠释，为任何一个觉得内容有益的网友服务，再通过这些网友，分享给更多与自身品味相似的朋友。最后映入眼帘的便是一篇经过朋友帮你"严选"的内容。

NOWNESS网站的内容都不是流行文化、无脑、好消化的那种，而是扎扎实实的创作，没错，就是非常实验性、走在时代前端的表现形式。你随便挑一篇来看就会懂我的意思。像我这种假文青、大老粗对这类内容可是无福消受。

那么问题来了："LV为什么要做这些曲高和寡的内

容?"正所谓内行看门道,外行看热闹,有几个人看得懂蔡明亮(或你朋友口中某位艺术大师)的电影?但无论看不看得懂都无损他们作为艺术大师的称号。之所以为大师,是长期优异表现的积累,获得了许多艺术人士和同业专家的信任与推荐。

同理,Louis Vuitton说"要引领时尚潮流",如果你会相信,绝对不是因为它说了什么,而是因为它做了什么以及它持续了多久。因此,LV是在创造时尚圈的领导地位和发言权。

这个网站在做的事,就如一开始设立时所说的一样,没有品牌的影子,为热爱创意、文化、时尚的人提供信息。很忠实地站在消费者那边,不会丢出你不想看的产品广告,有的只是每天推荐给你一篇好内容。如此周而复始坚持的结果,就塑造了LV在业界颇具公信力的翘楚地位,让真的想要看创意文化与时尚的网友,知道来这个网站可以获得多大程度的满足。

LV之所以费工夫这样做,绝不是因为钱太多,而是因为他清楚地知道"在互联网时代,品牌该怎么和消费者沟通"。在互联网时代,消费者对于购物决策参考的权重是这样的:

你相信的朋友→没那么熟的朋友→业界专家→陌生网友→媒体说的→品牌说的→广告说的。

讽刺的是,过去品牌惯用的手法是"用广告来说",然而这种手段对消费者的影响力是最低的。

　　Louis Vuitton知道品牌绝对没办法变成你的朋友（除非你是名媛贵族或某领域的全球代表性人物等，那在这儿就失敬了），但它努力做好一个业界的持平专家，用内容营销来拉近与消费者之间的距离，进而影响你或你的朋友。这就是这个内容网站的企图。

▲品牌最有利的宣传载体是身边的朋友。

从NOWNESS网站，我们可以学到什么？

1. 提供对消费者有益的信息

　　这句话，可不是一句让你挂在墙上欣赏的口号。你以为品牌成立了内容网站，网友就会自动自发地乖乖来报到吗？现在网络世界什么信息都有，如果你网站的内容不是网友感兴趣的，那么他为什么要来看？

以LV这种知名度，尚且都不敢怠慢这句话。它不是扮演高高在上的时尚之神，而是认认真真地做内容给消费者观赏。如果你自认没有LV的实力，那能做的，就只有"更落实"。你会问，"什么是对消费者有益的信息？"如果你脑筋转不过弯，想到的只有夸自己的产品，那么请试着让自己跳脱品牌的框架，从消费者角度出发思考吧。

2. 建立业界领导地位

内容网站（内容营销）可以帮你建立领导地位和影响力，特别是当你是行业内的领先品牌的时候。

当其他品牌说的内容都是老王卖瓜式的自卖自夸，或是大家都在说类似的信息时，你的内容越公正、持平、不偏颇、不卖东西，你的影响力就越高。这道理就和做人一样。我们会主动避开那些热情满载，但实际上是想要拉直销、卖保险或者想说服你办卡及想向你推广心灵课程的亲朋好友。这道理一说大家都懂，可是往往一旦开始操作品牌内容的时候，就忘得一干二净。

我不敢奢望台湾品牌在经营内容时，还能不以品牌为中心，只求尽量不去提品牌的好，或是巧妙地把商业意图包裹起来。如果依旧很难做到，那至少可以想想以下三个建立领导地位可操作的内容方向：

● 传道：说整个产业的未来趋势，而不只是自己品牌的发展；

● 授业：说品牌怎么帮消费者生活加值，而不是自己有多好；

● 解惑：解决顾客使用产品的困扰，或是让产品使用体验更好，而不只是推销。

> 成立四年后，NOWNESS 网站首次出现了商业内容，这是一个 Shoppable（可供购买）的影片，只要点选影片中舞者的衣服，就可以看更多信息，前往购买处。这部影片中出现的服饰除了自家的商品之外，还有对手 Gucci 集团的 Bottega Veneta 等。

什么是对消费者有意义的内容？

与内容营销非常相关的另一个概念是：Inbound Marketing，我一直不知道该怎么翻译才比较贴切。如果用方法论来说，Inbound Marketing大概有三个必须互相支持的步骤：

1. 创造好的内容，让客户发现你，借以换来流量；

2. 通过好的内容沟通，把流量转换成销售；

3. 分析、修正、测试，然后反复进行。

Inbound是与Outbound对比之下的产物，显著的差别在于，以往的Outbound式营销比较像是推销，由品牌告诉你：这东西很好吃，吃起来很开心，大家都喜欢吃，那你要买吗？在传统时代也普遍认为，只要花钱拍出一个好的广告片就会带来生意。

而Inbound式营销却是要设法让客户喜欢这件事情，然后再借由这件事找到你与它的联系，让你觉得它提供的内容能够让你获得许多好处后，再慢慢地喜欢上这个品牌（其实多少可以解释为——是在累积品牌的形象）。因此，有些人把Inbound Marketing翻译成"集客力营销"或"招揽式营销"都不算是十分贴切，所以我们还是用英文来称呼它吧。

营销人应该都学过AIDA这个步骤：

● 第一步（Awareness）：让消费者经由广告认识你，也就是知名度和传播的广度。

● 第二步（Interest）：注意到广告信息之后，对产品或品牌产生兴趣。

● 第三步（Desire）：消费者想要拥有这个品牌下的产品。

● 第四步（Action）：消费者采取购买行动。

遵照AIDA传统营销年代的逻辑，第一步的Awareness被称为"广度"，通常就是指投放大量的广告来接触更多消费者，因为当时的消费者没有几个电视频道可以看，对节目内容和广告都没得选择，也不得不接受广告的轰炸。而在数字时代的前几年，也只要吸引网友点击广告，进去网站之后又逛几个网页，或是留下名单，营销任务也就达成了。

现在要吸引消费者越来越不容易，即便品牌想传送的信息确实对消费者具有一定的价值，曝光机会也会大幅降低。在新互联网时代里，营销如果仅仅是搞一个记者会或是拍个大尺度的广告，就会被新闻媒体大肆报道进而吸引到消费者的可能性小之又小。

网友的上网习惯不断在改变，我们现在也许会从"朋友的博文"中点击进入一个网站，但看完一篇文章后，网站名称都不一定记得。大多数人的首页也早已不是入口网站，而是一个搜索框，想到什么就主动进行搜索。而且有很多营销任务已经把AIDA浓缩为一个步骤，想在一个网页当中就把产品特性全部讲完，然后让消费者点击广告，之后就想直接看转换率。

要研究广告的成效问题，我们会用Google分析（业界简称GA）或其他统计软件，去了解"广告点击""网站流量"和"网友到行为"三者之间的关系。

在这个分析中，我们常发现有个叫"跳出率"的数据会落在百分之八十到九十几。这表示绝大部分网友点了广告之后，连一页网页都没有看完，就立马关闭了网页；而某些页面的平均停留时间只有几十秒钟，显示消费者进入网站之后，根本就不想继续了解产品，也不喜欢看你的网站。这真的是绝大部分品牌面临的现状。

▲点击率与金钱挂钩。

假设你的广告点击率是高的,在面对上述状况时,需要的并不是加大广告预算,而是要研究广告想要沟通的信息,同时改善内容,让网友进入网站之后愿意停留并继续阅读,才有可能达成转换或销售的目的。你只要让每一个广告联结的网址和结账过程中,都绑上一些程序代码和参数,就可以开始统计。

为什么内容营销要讲这些?这年头许多营销人员应该都只对SEO(搜索引擎)和GA(总代理人)略懂,但研究流量数据和改善网站内容信息的含意,有时候反而会比拍广告带来的效益要更给力。品牌主们不妨先检查一下品牌的官方网站,是否还是硬邦邦的介绍自家产品和服务,甚至连产品分类方式,都是用公司内部才懂的术语;或是写了品牌故事,却是描述着八股无趣的历史沿革,讲着创办人从1957年开始完成了哪些丰功伟业。我们为什么花钱又花时间来让自家网站变得这么无聊？"啊~那是老板（或客户）指定的，我也觉得很烂。"一句话就把责任推得一干二净，枉费了一身的好武艺。

另一方面，你应该也对占领式广告充满敌意吧？我们常迫不及待地点开一个链接，想一睹文章内容，但往往跳出来的是满屏的广告。这时候你是不是都在找寻关闭按钮？这些广告内容和形式，连身为营销人的我们都感到厌恶，凭什么认为消费者会喜欢？我相信正是因为这种情况，营销人才开始鼓吹内容对品牌的重要性。但其实内容营销根本就不是什么新鲜事，最简单也最重点的是：让消费者喜欢你做的每一件事，包括广告、网站、博文、影片、活动等。就连博客文章对消费者来说也需要是有意义的，不然就考虑重新来过吧。

如何用内容营销推广慢跑鞋

我常在面试时询问应征者这个问题——"如何用'内容营销'推广慢跑鞋？"

如果把这个主题，换成蔬果汁或有机食物也是可以的，但最好不要是自己正在贩卖的那个东西，因为聪明的面试者一定会有备而来。

回到慢跑，训练有素的营销人可能会说："找几个专精于运动的博主，采访一些知名运动人士，写篇《慢跑新手该如何选择跑鞋》或是《从2.1K到21K的训练秘决》的文章，告诉大家如何选择一双轻量材质、透气又有减震效果的慢跑鞋,并于文中巧妙安置我们的品牌。"

但约莫在2014年左右,有个运动鞋品牌却丝毫不讲运动,反而是说了李宗盛制作吉他的故事。

音乐人和吉他,和运动丝毫不相干,但品牌主描述了一位工匠在制作乐器时表现出来的专注与严谨,通过李宗盛的旁白,阐述他对音乐创作的执着和热情,直到影片最后才告诉你,这双跑鞋也有着和音乐相同的生命力。

在帮品牌规划内容营销之前,无论是一则小小博文还是一个直播主题,不妨先自问以下三个问题:

- 我们想要推出的内容,和品牌本身有关吗?
- 我们想要推出的内容,为什么消费者喜欢看?
- 我们想要推出的内容,解决了消费者的哪些问题?或是带给他们什么反思?

我相信,这年头大多数的营销人,仍旧会选择刊登广告来介绍运动鞋,例如优美外形、时尚配色、顶尖材质、最新科技、某艺人的代言、现正促销中等信息。我也相信,好的产品力和促销活动,多少会吸引到有需求的消费者。事实上,这种销售式广告,多如砂糖旁边的蚂蚁,广告预算会像石头丢到水里,多少会引起一些涟漪,但也很快就会被其他广告给覆盖过去。

我们看完一则广告之后,许久都还记得,不仅仅是因为这则广告的与众不同,更是因为他们为消费者提供了一个对人生未来的新想法。

这则以李宗盛为主角的影片,是中国新百伦制作的《致匠心》,推出之后,不仅营销圈喧腾不已,更是在社交网上引发了一场热议。

在这部影片中,李宗盛的声音和专注,非常有感染力,消费者不仅会因此记住这个吉他的故事,而且会记住鞋子的品牌,其成效很像第一章提到的SK-II,以多位女性为主角的一系列影片,从头到尾都没有提到产品功能,完全不讲产品特色,但都引出了一个角色,一个议题,一段人生,由此引发讨论和分享。

可以打烂iPhone的果汁机是哪一台

你可能看过,一位穿着白袍、戴着护目镜的大叔,把iPhone放到果汁机里打碎的影片吧?

或许,我们早已经忘了是哪个牌子的果汁机(其实就在大叔身后的背板上),但我们不记得的主因,是因为在观看影片的时候,对这件商品(果汁机)还没有需求。如果某天想要买果汁机的时候,我们会不会想起"有台果汁机可以粉碎iPhone"这件事?这位精神可嘉的大叔其实就是果汁机品牌的创办人,他还曾经打烂过橄榄球、高尔夫球、变形金刚、疯狂瞬间胶、可乐和它的铝罐、魔术方块、麦当劳超值全餐、五十三台玩具车、四十支圆珠笔、五个打火机（然后爆炸了）等。如果你不知道这些事，会不会想要一窥究竟？不管你是出于兴趣或是怀疑，只要引诱你看到影片，那就成功了。

他们把这些实验短视频集合起来，成立了一个名为"它可以被打烂吗？"（Will It Blend?）的官网。在这个网站中，它告诉你哪些东西可以在家尝试，例如制作真正的蔬果汁、冰沙和浓汤；而哪些只是纯粹的示范，千万不要尝试。这些内容，你觉得它是傻到不行，还是有趣到不行？

有些人可能会问，喜欢这种恶搞影片的应该都是年轻人，有与真正的销售对象，比如家庭主妇之类的人建立联系吗？附带一提，他们可是从诺基亚8310的年代就开始做这件事，十几年来从未间断，当年那些小伙子、小女生，现在都已经到了买果汁机的年龄，所以是哪一台果汁机优先占据在他们心里呢！？

Apple十几年前就在做的内容营销

把时间往前拉几年，看看还没推出iPhone，仍以销售个人计算机为主要业务的苹果，他们也已经在思考品牌内容，包括最经典的"Get a Mac"（用mac电脑）系列广告。广告画面的左边，穿着不合身西装、戴着金边眼镜的PC（个人电脑）角色，感觉是个死板、沉闷、只知道工作，而且还频频出错的中年大叔；另一边（画面右侧），是穿着牛仔裤的Mac，代表着自由轻松的生活，感觉动静皆宜，是个充满活力的年轻人。

"Get a Mac"系列广告据说拍摄了超过一百支（包括不同国家的版本），自开播后便取得了强烈反响。然而，除了影响当时的销售量，我觉得更像是Mac的光源氏计划（光源式计划一词指男人把小女孩抚养长大，将她培养成自己理想中的女人，以期能成为自己未来的结婚对象。典故出自日本古典小说《源氏物语》），试图通过"心占率"来影响消费者好几年后的购买决策。

因为当年大多数人都是用的PC User，我们在私人企业或公家机关任职，也多半只有在工作的时候使用计算机，而非把计算机视为休闲工具。

"Get a Mac"广告不断以幽默的方式诠释PC电脑的死板、沉闷、频频宕机、非常容易中毒等状况，这些都是我们工作时亲身体验过的，可谓是饱受PC计算机的苦。

但这些PC的使用者却不太可能立刻就转换到Mac，因为当时连Mac版的Office都没有，网络通信协议也不一样，当公司买了一台Mac之后，要如何和其他人或其他公司兼容？

第四章　旧的营销模式能够教会我们什么 | 243

▲互联网时代，人与电脑可以顺利沟通。

台湾一个广告界的前辈David龚曾问我："你觉得'Get a Mac'这系列广告是要把计算机卖给谁？他是在和什么对象沟通？"很多人会说："是在和年轻人或学生群体做沟通。"其实不仅如此。

例如，Mac请来超级名模吉赛儿，并介绍给PC大叔说："这是我周末用Mac做的家庭电影"，而PC大叔却带来一个满脸胡楂，造型凌乱不堪，并且和吉赛儿穿着同一件洋装的反串丑男，羞于见人，真的让人捧腹大笑。Apple通过一支又一支的幽默影片调侃PC，目标对象除了是年轻人之外，还企图让没有办法立即淘汰PC，随而换成Mac的成年消费者，心里种下"下一部计算机绝不买PC"或是"不要让我的小孩和我一样,当一个蠢PC用户"的种子。

消费者怎么看你的品牌?是从你做的每一件事情当中去认识你的。我们所做的每一件事都可以是对消费者有意义的内容营销,从而对消费者造成更深层次的心理影响。

在看过这系列广告之后,我还换过几台自己使用的PC,直到五年后,才买了第一部Mac,又过了几年,公司的电脑才全体换成Mac,连最不熟悉计算机操作的会计小姐都无痛转型成功,彻底被苹果攻陷。戏剧圈有句话说:"台下是一票正常人的时候,就会专注地欣赏台上那个疯子,并期待台上的疯子会带给观众什么。"除了Mac孤身力抗众多PC品牌的事件之外,还会让人想到2014年新任台北市市长的柯文哲。当年这位政坛新人不仅不是众多候选人当中条件最好的,还可能是历年来最怪的,例如被采访的时候不看镜头,外表没什么亲和力,也鲜少西装革履。但他做的每一件事、他的想法主张,却都和其他普遍的政治人物有点不太一样。

我们会说:人格特质和市场区隔才是品牌优势。你的学历经历、财产多寡、老爸是谁、做过哪些丰功伟业、长相帅不帅气,不过是各家产品的背景条件,当你有A、B、C三项优势,另一位会有C、D、E三项优势和你拼,很难比较出真正的价值。

柯文哲通过演讲、广告、新闻、粉丝官网、公开投票这些方式来创造话题。例如通过影片，讲述他任职医师时的专业与态度，或是不断表达他对废除某条公交车专用道，以及其他政见上的坚持（或顽固个性），还有在TED演讲时，诉说他掌管急救团队时的生死观等。从这些事情中，选民能够感受到柯文哲看世界的角度和以往的政治人物都不太相同。甚至连他所患的亚斯伯格症，也成为媒体和全民关注的话题之一。

苹果这家公司相当了解这一点，他们知道要建立品牌的人格特质和市场区隔，而不是追求产品功能上的绝对优势，因为消费者买的并不仅仅是产品功能，而是购买了这件物品之后，会带来什么样的改变，会带来什么期待和情绪，包括内在或外在的感觉，以及更重要的——"对我这个人的未来会有什么影响？"

他们在广告中讲出消费者的困扰或期待，告诉消费者苹果是怎么想的，研究了哪些事情，替消费者带来哪些生活上的好处，也告诉消费者苹果怎么帮助解决种种问题，然后让消费者相信——苹果可以做得到。那你究竟要不要Get a Mac？这只是时间和预算上的问题了。

第五章　消费者究竟喜欢什么样的品牌

第一节　不一样的营销思维

我们可以用最简单的二分法，将品牌的营销思维区分成两种类型：

1. 产品思维；
2. 品牌思维。

假设品牌是个"人"，而具备"产品思维"的品牌，就是不断展现出这个人的各项优点，去说服消费者购买产品；而具备"品牌思维"的品牌，则比较倾向于展现出品牌的内在特质，呈现出它的魅力，然后让消费者觉得这个品牌的形象和自己相符。例如沃尔沃汽车长期打造出的品牌价值——安全性，这个形象就不仅仅是安全而已，同时还包括了稳重和可靠。

品牌营销很像是相识→恋爱→交往→结婚的过程，每一次的追求行为或接触点，就是一次建立好感度的营销动作，例如约会、吃饭、看电影、聊天、接送、旅游、逛家具店等，消费者（被追求者）会在每一次的接触中，不断检视这个品牌

（追求者）是否和自己匹配。

● 产品思维的营销，会刻意营造出来一些浪漫因素，如烟火、跑车、沙滩、香槟、生日礼物、情人节大餐、海岛旅行等。虽然消费者可能也会喜欢，但这些体验都很短暂，也因为每一事件所带来的情绪和价值不尽相同，很可能难以连贯，或是把消费者的胃口越养越重。

● 品牌思维的营销，代表着两人有共感的一件事，比较重视内在情感的沟通和接触，可能是两个学生情侣点起蜡烛共吃一碗泡面，虽没什么价值感可言，却会让彼此记住一辈子。

互联网时代受欢迎的品牌，多半都懂得去创造与消费者之间共同的联系，让消费者觉得，这个品牌和我们是站在同一阵线的，是朋友，有相同品味，甚至连未来目标都是相似的。那么现在让我们先从一些案例开始了解吧。

共体时艰，共同回忆。

想看世界杯需要我帮你请假吗

不晓得你有没有追过世界杯、大联盟或NBA。因为在欧美地区开赛有时差的问题，有些观众会想要熬夜看球，却又很容易影响白天的工作，如果到了前几强入选赛或冠军赛时，就会陷入该不该为了看球而请假的两难局面。每当世足赛开踢之前，网络上就会流传"世足请假懒人包"，列出完整赛季表以及前八强开赛后熬夜看球的请假指南，但也有些企业老板推出"看球福利"来收揽员工的心。可见球赛的魅力真是难以抵挡啊。

但是，如果老板紧盯着这件事，且更加严厉地不批我们的假怎么办？在上一届的主办国巴西有个当地的啤酒小品牌Cerveja FOCA真的很懂我们，它们顺势推出一个可用"宗教集会"名义帮我们发请假单给公司的在线服务——足球教派（Football Religon）。你只要填入姓名和公司的Email，它就会发出一封看起来煞有其事的通知信函给老板。

"在巴西，参加宗教集会是可以合法请假的；而且足球对民众来说也像信仰一样虔诚啊！"对球迷来说或许真的就是如此。因此，这服务一推出就受到欢迎，让民众对Cerveja FOCA的好感度激增。

关于这个案例，你有没有想到"敌人的敌人就是朋友"（Enemy's Enemy is Friend）这句经典名言？这个简单的心理学常被默默运用在营销上。因为看球赛是消费者的强烈需求，但必须上班却与此欲望相违背，巴西啤酒品牌就借此树立二者的对立关系，然后通过"帮你请假"这件事来和消费者成为朋友。

这个营销任务和销售业绩并没有直接的联系，没有任何的促销任务或折扣活动在内，但它的沟通概念很简单也很切合时事，消费者立刻就能感受到品牌的善意和幽默感。

帮你说谎的电话亭

ANDES啤酒在阿根廷创造了一个神奇电话亭,也和足球教派一样,巧妙地营造出"与我们是同一条线"的感觉。在嘈杂欢乐的夜店中,ANDES啤酒厂商提供了一个密闭隔音的空间用来接听私人电话,还可开启各式各样的情境音效协助我们圆谎,像是开会中的讨论声、站台上火车误点的播报音等,来让我们可以心安理得地喝着啤酒。

这个案例背后的"消费者洞察"是ANDES发现消费者最不能开怀畅饮的原因就是担心待在家中的伴侣或家人并不喜欢他们在外喝酒,所以消费者有时候会想要撒点小谎话,以继续享受自己的美好时光。

这当然也包含了幽默层面,而不只是单纯撒谎。毕竟大家都知道,回家后如果浑身酒味,还是会被另一半拆穿的。顺带一提,台湾某些贴心的情趣旅店也提供播放户外通勤音效的设计,这项服务应该比这个电话亭还要早几年。

考验友情的贩卖机

消费者会采用一款商品,甚至连续购入一个品牌的各项商品,其中必定包含某种程度的喜欢。那些懂得营销的品牌主们会根据品牌的属性,用特有的方式联结消费者,像可口可乐在数十年来都是以"共享快乐"为主题,让自己成为聚会中不可或缺的角色,而且对于自身的定位总是最佳配角,主角则是餐点本身、聚会活动，或消费者自己。

可口可乐公司曾经打造出一台高出常人尺寸的大型友情贩卖机（Friendship Machine），必须靠两个人叠罗汉（或是自己孤单地搬梯子来）才能买到可乐。也曾推出一款，必须将两瓶可乐的瓶口紧靠在一起，才能够打开来喝的Friendly Twist限量瓶。

▲ 友情贩卖机（Friendship Machine）。

这两个案子都试着让消费者体验"友谊是美好的"。通过特殊设计让两人体验朋友间合作的关系，一同努力拿到可乐,一起开怀畅饮。至于可乐的角色,它可能是诱因,也可能是回馈,不过消费者在体验过程中,其实已经一并将品牌与象征友情的行为相互关联在了一起。

想吃雪糕吗？笑一个

和路雪雪糕曾打造了一台自动贩卖机,和可口可乐一样想要传达"共享快乐"的主题,并且让消费者免费试吃。乍听之下好像是个山寨版案例！但这个贩卖机运用了面部识别技术,消费者必须展开笑颜或用跳舞等方式让机器确认自己是快乐的,才能获得一支雪糕。这是一个运用少许科技就可以办到的街头试吃活动,简单直接,不用多说什么,男女老少都知道该怎么玩,比靠促销人员在路边"拦截"客户,让其填写资料的那种试吃体验活动还强上许多。虽然和可口可乐的叠罗汉相比,贩卖机较容易被玩过就忘,但也足够有吸引力了。

可口可乐的"共享快乐"哲学和它的众多经典案例,早已默默影响了整个营销圈,有众多的品牌都和可乐一样打起了"快乐"的招牌。但仔细想想,哪有一个品牌是为了"让消费者不开心"而存在的呢？因此,"快乐"这个概念虽然可以适用于绝大多数的品牌,但如果只展现出快乐,而缺少品牌个性和区隔性,也可能会替品牌带来过目即忘的风险。而这点是最容易被我们忽略的。

第二节　怎样抓住对的感觉

近几年，在营销组合里常居于跑龙套角色的"体验营销"有越来越受品牌主重视的趋势。

之所以如此，一方面是媒体广告效益不如过往风光，品牌主期望通过活动，让消费者在体验的过程中感受到产品差异；另一方面也因为沟通越来越多元化，除了最常见的产品特色沟通之外，还有需要沟通服务、品牌意念、形象、好感、知名度等任务。

但以上有个十分关键的地方，那就是如果没有宽带网络、智能手机、社群媒体以及影片的上传，给更多不在现场的民众制造感同身受的情境，使效益可以一下子无限放大的话，"体验营销"对大部分品牌来说，是无法从跑龙套的角色摇身角逐最佳男主角的！

当同类商品越来越多的时候，我们会需要越来越多的广告预算，才能创造出和以往相等的声量；而另一方面，我们还需要不断发明新口味、降低价格来做促销。这真的会让品牌掉入恐怖的恶性循环。

品牌如果总是想着"怎么让更多的消费者体验到产品"，解决方案最后可能都会变成：多加一点媒体预算，多办几场活动，多找一些街头派样员。但唯有在建立好感度的基础上不断创新，品牌才能得以发展与成长。

无论是和朋友合作换取可乐、用一抹微笑换到雪糕，还是情境啤酒电话亭等都是非常高明的创意，这些品牌主们并不是敲锣打鼓地要你去试用产品，甚至不说他们的产品多香、多好吃，而是打造了一个情境场域，牵动消费者的情绪。

从消费者熟悉的环境着手，让他们体验独特的品牌氛围。品牌只要知道自己在环境中该扮演什么角色，能丢掉以往老古板或高高在上的骄傲个性，而且商品是用起来、吃起来会让人愉悦的，几乎都可以用这种逻辑来建立品牌好感度。

套句感情上常用的一句话就是："感觉对了，就什么都对了！"以下再举几个用体验营销去建立好感度的例子，不用通过广告对产品特色大书特书，但又能直接刺激销售的案例。

啤酒就是你的地铁票

"喝酒不开车，开车不喝酒"这句酒类广告警句，在绝大部分情况下只是个口号，因为就算厂商想帮酒醉的人也不知从何帮起，所以只好靠消费者的自制力来实现。

然而当其他酒商只要求自己做到符合法律规范，而不再有进一步的积极举动时，巴西啤酒品牌Antarctica不但"口惠"，并且"实至"地帮助自家顾客实践了这句话。叫大家开车不喝酒却能同时促进销售，到底是怎么办到的？

狂欢、啤酒、桑巴舞，可是巴西嘉年华的标准配备，作为赞助商的Antarctica，为了让参与派对的民众可以喝得尽兴又放心，操作起一起史无前例的营销活动：把喝完的啤酒空罐当作地铁车票。在几个热门地点的车站，喝完酒，哔……一声，你就可以搭着地铁而不用自己开车到想去的地方。说穿了，Antarctica所做的，就是一台装在地铁入口闸门的条形码扫描机，只是我们从来没想到要这样做。Antarctica啤酒要你体验的不是产品，而是感受到他们在以实际行动来关心你。更加难能可贵的是，这种关心让消费者觉得又酷又炫，而且不矫情。

▲ 用品牌啤酒空瓶就能搭地铁。

对牛弹琴！让你的牛奶更营养

德国多特蒙德音乐厅，为了让一般大众也可以体验古典音乐的魔力，提出了一个你想都想不到的体验古典乐妙招——喝牛奶。

"听音乐的乳牛,产出的牛奶特别香浓可口",大家或许都听过这类的传说,只是多数人都是听听就算了,想不到这群德国人真的把交响乐团搬进牛棚,在现场演奏悦耳动听的古典乐给乳牛妈妈听。

故事不只如此,这家音乐厅还把这群乳牛生产的牛奶,挂上多特蒙德音乐厅牛奶的招牌,并在玻璃瓶上以音符为元素设计了简洁的包装,再拿到商店里贩卖;而且还用"听了哪个音乐家的作品所产出的牛奶",区分出九种不同的产品,还在外包装的背面说明中列出该音乐家以及音乐厅最新一季的表演信息。

就这样,牛奶成了音乐厅的新商品,牛奶变装后成了推广活动信息的媒体,你说妙不妙!

▲喝新鲜的牛奶就是一种享受。

巧克力与活版铅字印刷机的碰撞

某些东西天生就具有特殊的魅力,玫瑰、气球、巧克力等都是。于是马来西亚的吉百利巧克力（Cadbury Dairy Milk）推出了"用巧克力说话"（Say It With Chocolate）活动，让你将想说的话刻在巧克力上，替你将这份爱送给你对之羞于开口的家人、朋友或情人们。

吉百利巧克力在卖场处，设置了一台旧式活版铅字印刷机，让每个购买自家巧克力的消费者，都可以写下心中想说的话，再由工作人员以铅字拼出来，并通过这台机器直接刻在巧克力的背面。过程中完全不需要打开巧克力的外包装，既卫生又富有"传情"的效果。

如何？是不是很简单，不过就是一台被时代淘汰的活版铅字印刷机，却比直白的降价促销有吸引力得多。

第三节　实体活动是为了什么

"'体验营销'对大部分品牌来说，只能是个跑龙套角色……"这不是我对此持有偏见，而是如果你从投资报酬率的角度看，常常会被空间、地点、时间、场次、天气等因素限制，所以把投入预算除以参与人数，比起其他的活动效益，体验营销的数字往往很难交代。

那怎么办？这里有三个诀窍：

1.创造"可被分享"的条件：体验营销的优势是让消费

者感受到比广告更深入的体验，同时也更具说服力，但缺点就是上一段所提到的物理限制。还好，我们有社群媒体可以帮忙。出租车司机穿衬衫打领带的话，让人想分享的动机为零。如果穿蝙蝠侠的衣服，想分享的动机绝对破表。在互联网时代，不管什么活动，都必须时时把"是否可被分享"放到活动设计的核对表上面，而不只是考虑实际参与者的感受。

▲新鲜事物让我们有分享的欲望。

2. 让无法参与的人也能感同身受：让体验营销的优点能够通过影片和网络，打破空间、地点与时间的限制而被广泛传播。影片的重点不在酷或炫，更不在于剪辑效果或技巧有多好，而在于观看的人可以感同身受，并产生出"如果是我，也好想参与"的情绪。虽然说很多受欢迎的影片都是用手机拍的、分辨率也不是高清,但可别天真地以为只要侧录现场、记录一下活动就可以解决。"故事精不精彩、说明清不清楚、观看的人会不会也想参与"才是真正的问题。

3. 在活动规划的时候,就请把拍摄影片这件事纳入其中:影片可以不必是专业的灯光摄影,但一定要说一个好故事,明确地传递出实体体验想要传递的讯息,如此才有可能让活动借由影片,像台扩大机一样,用"观看影片者的感受分享至社交媒体进行扩散"来打破实体体验的先天缺陷。否则,只有亲身体验到的民众才懂你的好,就太可惜了!

一个箱子不断被踢的旅程

想证明一个行李箱很坚固,脑中最先浮现的是新秀丽的广告:一只行李箱从摩天大楼坠落,不仅没有炸裂,还让我们看见了行李箱的"Q弹韧性"。德国品牌日默瓦也曾推出一个有巨大鲨鱼咬痕的限量箱,在广告中,让旅行箱从数百个阶层的楼梯上翻滚下来,最后却完好无缺。但现在,当观众看见这样的广告,心中第一时间出现的可能不是"WOW!这个行李箱好坚固!",而是"这是真的吗?是计算机动画吧!"。

当消费者已经难以相信品牌用尽手段演出的戏码时,或许品牌可以开放一些空间,让消费者一起参与、证明品牌特色。你可能想到了,这不就是"实证广告"吗?

最近，新秀丽行李箱副牌美旅基于实证精神，在泰国做了一个相当有趣的案例：The Kick-Bag Journey。品牌主最后也把整个活动和实验过程浓缩成了一部影片，或许可以翻译成"一个箱子不断被踢的旅程"。在这个案例中，用到了真人实测、粉丝官网、留言收集、网络影片。如果我们把每个环节拆开来看会觉得没什么，但组合起来之后却十分有趣。

影片中，三位工作人员带着一只桃红色VIVOLITE行李箱上山下海，行经泰国七十个城市，随机寻找路人来踢飞它。从泰国这端踢到泰国那端，一般路人不说，从影片中还可以看到一群小朋友发疯似的狂踹行李箱，足球选手用尽全力朝行李箱踢出致命一击，不只让它从悬崖上和瀑布上被踢下来，后来连泰国大象也来掺和了一脚。除了制作团队环游泰国找路人实测外，在活动期间，制作团队也接受民众在官方粉丝团上的点播任务。只要在粉丝官网留下点子，制作团队就会不断选出有梗的想法，并付诸行动来实践它。

高手总是藏于民间！乡民团结力量大！由于结合了用户原创的社群操作，这个实证广告更加具有可看性。讲到泰国你一定会想到大象，但能想到让泰国大象踢行李箱一脚的，恐怕也只有乡民了（幸好网友没要求请四面佛出来踢）。

▲ "踢不坏"的皮箱。

实证广告不是一个崭新的广告手法，但加入泰式幽默的飞踢包装，以及用户原创的群众创意，共同参与"踢不坏"的体验，让这个品牌产生了一种独树一帜的能量，有一种在看行李箱参加实境秀闯关的感觉。让消费者参与其中，使得广告影片不再只是影片。

虽然这段"被踢旅程"，最后是用影片呈现，但和传统广告影片不同的是它建立在民众的参与上。影片式广告并不会消失，但会转换播放平台，转换表演形式：从电视到网络，消费者的习惯从被动观看，变成主动搜寻，主动追踪订阅。在这转变的过程中，消费者的参与才能让影片产生更强大的力量。有很多受欢迎的电玩实况主和You Tube用户都会和网友对话、回答网友的问题、反问网友问题，或是从留言中寻找下一个拍片的点子、研究每部影片的数据变化，听取意见去调整缺点、强化优点，以前的博主们就已经是这样做了，这无疑也是品牌该做的事。

　　电视播放广告的时候你会转台或是上厕所，手机上跳出广告你会想要马上关闭，我想大家的反应应该都差不多吧？消费者渴望参与品牌的营销活动吗？答案肯定是No！"飞踢行李箱"事件却将营销活动转换成一场社会实验，把人潮聚集在自己可以掌控的平台上，让人们可以随时查看一下事件的最新发展，也可以在一定程度上吸引他们想要参与到活动当中。

　　厉害的是，他不是靠奖金诱因来吸引民众聚集，纯粹是因为事件的可看性；而在整个参与过程当中，消费者也不会因为娱乐性而忽略掉品牌与产品，因为VIVOLITE行李箱始终是主角，实验的目的也是围绕着它转的。

　　"就是那个让四十三万人踢过的行李箱吗！我记得！"

　　VIVOLITE不是第一个强调自己坚固耐用的行李箱品牌，但任何一个人和你提到行李箱的耐用度的时候，你几乎都会想起这支广告，甚至会将这个"飞踢行李箱"的故事传递出去。

　　可能有些朋友会问：如果踢掉了一个轮子怎么办？（某知名德国品牌就因为容易掉轮子而被许多网友吐槽。）

　　如果我是品牌主，我会说："那更真实啊！被踢四十万次才掉了一个轮子，这样还不算耐用吗？"

沟通概念简单，切合时事议题，并与大众息息相关，消费者就越容易感受到品牌释出的善意，并增加对品牌的好感度。

第四节　如何全方位地与消费者沟通品牌价值

在台湾，绝大部分营销活动都是为了推广新产品或新服务而存在。只有当有新产品上市或是促销旺季（如重要节日、百货公司周年庆）时，才会讨论一下进行营销活动的预算，有些小品牌甚至一年仅有一到两波大活动。

很多时候，我们会发现同一品牌推广不同产品时，沟通的主轴竟然和前一支商品不太一样！长此以往，我们变得越来越会卖产品，但不会做品牌。我们之所以如此，是因为有些产品或服务天生就属于"低关心度"，已经像空气一样让人无感，平常就是用它，却没什么动机想要多了解它、关心它，比如卫生纸、饮料或是沐浴乳等。这时候如果有个新品上市，用新功能、新包装、新代言人等，反而容易找到话题与消费者沟通。

但持续这种操作模式，会衍生两大挑战：

1. 没有新品上市的空窗期，品牌要和消费者沟通什么？因此很多产品种类不够多的品牌粉丝官网，没有活动的时候就晾在那儿，也不晓得博文该写些什么。

2. 一直以产品带品牌的方式，很容易就把重点放在产品要求而不是品牌核心价值上。久而久之，消费者对产品认知清楚，对品牌却只留下"知道，但不了解品牌内涵"的困境。

我关注荷兰航空的营销有一段时间了，不只是因为它的活动向来都很有创意，更因为它是互联网时代经营品牌沟通的典范：

不靠大量的新品、新服务上市或提升业绩的促销来创造新闻，而是细水长流、均衡地与各个层面"潜在、现有、忠诚"的不同消费者进行沟通。

自制的实用旅游地图

如果你近日有旅行计划，或是想要回味某次令你难忘的旅程，都不要错过这个"得到世界上独一无二、专属于你的精美地图"的机会！

荷兰航空架设了一个专属网页，让你可以制作一份"实体"的旅游地图。其步骤非常简单，第一先选择城市，然后加入游览这些景点时的必要信息，最后做成地图，如此就完成了。

网站上有全世界数十个主要城市的地图任你选择，选定城市后，在地图上标注你想要记录的景点信息、意见或是必吃佳肴。当然，你也可以邀请自己社群网络上熟门熟路的朋友、饕客们给你建议。当你完成这些步骤，经过三周的地图制作时间后，荷兰航空就会把这份完全专属于你的纸本旅游地图免费给你寄到家，赞吧？

不晓得大家有没有发现，在社群网络上，不论你是不是一个重度爱发表意见的人，总有几类议题的博文，在朋友间的参与度非常高。旅游心得的分享就是其中一项。这个活动有一个有趣的思考点：如果换成制作一个旅游性质的App，直接在手机操作的话，点几下就立刻完成，以荷兰航空的财力一点都不成问题，但他们却选择比较费工、服务比较少的人的纸本地图，为什么？

因为相对于App，需要排版印刷制作的纸本地图更加显得特殊，也更加有着专属于你的印记。这是荷兰航空想要创造的品牌口碑。反之，如果只是个虚拟地图，这项服务突然就变得每个人都很容易取得，其感受也平淡许多了，不是吗？这就像当你所有的朋友都用Line、简讯、Email和你沟通时，突然有一天，你收到许久未见的好友亲笔写的信，那种让你想要用心来读，好好保存的意念，是不是强了很多！

这已经不是荷兰航空第一次提供这么贴心的服务。它在之前就运用过同样的概念，送过免费行李吊牌——KLM Luggage Tag。

这个免费送行李吊牌的活动至少办过两次。虽然只是一个叫网友上传照片的活动，但却会大费周章地印出来再寄送给你，一面是照片，另一面是你自己特别定制的个人信息。行李吊牌做得非常精美，加上又是免费索取，你只要在Google上搜索关键词KLM Luggage Tag，就会搜索到一大堆网友收到礼物后，上传到网上的照片或是博客文章，我觉得这个活动连广告预算都可以省下，光是靠Facebook传播就可以扩散到天涯海角了。而2017年，他们又推出了可做景点导览解说，同时又送出会发出安全提醒的有声语音吊牌KLM Care Tag，没多久就被索取一空。

这几个活动都有一个共同点：你不需要是他们的顾客，就可以享受这些免费服务；而且，切入点都集中在"丰富旅游体验或满足消费者对此类服务的基本需求上"。你或许会想，这些活动对业绩没有立竿见影的帮助啊，为什么这么做？难道是荷兰航空的钱太多了吗？

会陷入这样的疑惑，通常是我们误以为消费者做购买决策时都是比较偏重理性的。我不知道大家选择航空公司时是怎么做决策的。对于我来说，可能是航点、时间、价格、餐点、服务等综合因素。许多时候我选择的，不是价格最划算的，而是某个服务或弹性比较好的那个。无论我是否搭过荷兰航空的航班，至少在接触这些营销案例，被系统化地"催眠、洗脑"后，我已愿意把荷兰航空当成候选名单之一。而相对某些航空公司，即使也是个品牌，但不管它有多便宜都不会被列在消费者的清单上。

互联网时代的营销应该有个大前提，那就是让消费者相信"这个品牌比较适合我"。大家买产品时早就不是为了最原始的衣食住行需求，而是因为品牌带来的美好想象和附加价值。例如穿Nike不是为了跑起来特别轻松，而是"为了理想勇往直前的范儿";喝喜力啤酒不是因为特别甘甜可口,而是一种聪明的择善固执。

产品规格很容易被模仿,但品牌印象,不能。这就是为什么荷兰航空要花这么多力气,用脉络一贯的方式与消费者沟通自身的品牌价值,而不只是沟通产品力的原因了。但希望大家也别误会,如果产品或服务本质不够好,营销并不能扭转一切。前面几个案例都是荷兰航空不通过产品提升潜在消费者品牌好感度的方法,接下来要谈的是怎么用推广产品和提升服务,去和现有的顾客对话。

荷兰航空:制造惊喜感动顾客

出国旅行时,会在机场用手机打卡发博昭告天下的请举手!我相信就算自己不会这样做,也一定看朋友发过类似"炫耀文"的东西。特别是一个人出国远行、在候机楼打发无聊时光时,更是巴不得所有亲朋好友都知道自己的行踪,然后马上闲聊几句。

荷兰航空这次指派了一组人,帮助他的顾客"把无聊转化为快乐"。在几个安排好的机场候机厅里,只要网友的发文内容写到类似"我将搭乘荷兰航空前往某某地区"被系统侦测到了以后,社群人员就会搜寻这位旅客的公开数据,找出他可能会喜欢的东西(还需具备不贵重、好携带等特性),可能是一只运动手表、iTunes Store电影兑换券,帮独自旅行的年长者升头等机舱等,然后赶在网友登机前,将礼物送到他的手中。

据报道指出,荷兰航空的这项活动,仅服务了四十位顾客,但因为影片在社群媒体的传播,接触到了超过百万次以上的潜在消费者。

这一类由品牌主导,设定游戏规则、情境,由不知情的路人"演出"的影片,在这几年国外的互联网营销上非常热门。品牌之所以大张旗鼓愿意为了服务少数人而劳师动众,背后的想法其实是:"这整个实体活动,都是为了虚拟网络而存在的一场秀!"

这些精心的安排,目的已经不只是为了实体活动中的现场参与者,而是为了给在网上观看的我们出演一场好戏。如果和荷兰航空拍摄的精美广告比起来,接触一次这样的实境秀影片,哪种比较能够进入你的心里?

荷兰航空很聪明地利用现有顾客,提供令他们超乎预期的服务来创造好口碑。因为在社群媒体上会主动想要发言昭告天下自己旅游动态的人,通常都比较活跃。这些出其不意的惊喜,对任何人来说都是难得的经历,其所散播的口碑一定是正向到破表,不是吗?

经过这些年一连串与各个层面结合的营销活动,荷兰航空算是利用社群媒体、互联网营销来推广品牌的先驱者之一。它让人相信:"荷兰航空致力于启发你对美好旅程的期盼，而不只是'运送'你到目的地的工具"。碍于本书的篇幅，我还拿掉了几个荷兰航空的案例，像是由圣诞老公公和空姐一起服务的商务舱，利用Facebook查询你旁边将会坐谁，或是通过问与答帮你规划旅游行程的应用程序，帮你制作主题影片还可以加上字幕特效的影片剪辑App等。荷兰航空这几年的社群案例真的做了很多新的尝试，这些案例让营销人目不暇接。

化被动为主动，让消费者参与，让行动最大化！

第五节　怎样让消费者喜欢你

像荷兰航空这样，不断推出新形态的营销活动让消费者记得你、喜欢你，是品牌顺应数字时代的一种营销典型。而另一种经常被使用的手法是有意义的营销。

有意义的营销的两个特征：

1. 由消费者选择是否参与，而不是被打扰；

2. 能够丰富消费者的生活，必须创造附加值而不是强迫推销。

在进一步解释之前，我们先来看一个案例。认真说起来这不是一个营销活动，但我觉得可以提供给品牌作为规划有意义的营销的参考。

纽约地铁的搞笑实验

不知你是否曾注意过，每当地铁或火车在准备离站或抵达前，驾驶员会举起手对着空气比划一些动作？这可不是驾驶员闲着无聊自我排解的一种娱乐，而是为了保障乘客安全而设计的，例如用手比方向，以确认左边没人、右边没人、轨道净空、电灯正常等，这个行为还有个专有名词叫"指差确认"：

"以眼望对象、手指对象，同时口诵确认，心手并用，集中精神，以达到减少人为失误导致意外的效果。"

萝丝·萨克特（Rose Sacktor）、尤瑟夫·勒纳（Yosef Lerner）这两个毕业于迈阿密广告学校的广告人，观察到"指差确认"对驾驶员来说是个枯燥无趣，一天不知得重复多少次的惯性动作，而且对受到这动作保护的乘客来说，它其实是个毫不起眼的行为。因此他们想来执行一个计划，娱乐这群工作时很"无聊"的驾驶员们，以表达对他们日复一日不间断比划手势来保障乘客安全的辛劳。

他们在站台上，也就是执行"指差确认"的定点，在确保驾驶员一定会看到他们后，每当列车到站停靠，他们就会举起手上大大的海报，上面写着：

"如果你特别性感，请指这里。"

"如果你曾看过乘客的裸体，请指这里。"

"如果你没穿内裤,请指这里。"

不管海报上写什么,也不管这些驾驶员是不是真的没穿内裤,他们都"被迫"必须"指这里"!如果你是驾驶员,在遇到这些突如其来的行为时,我想你不会有被冒犯的感觉,反而会觉得它们点亮了你枯燥的一天,让你忍不住微笑。这就是我想说的:让营销有意义。

▲如何让营销更有意义呢?

对消费者有意义的营销,应该是一种"让生活更美好"的信念,可以大到让你觉得人生得到启发,或者让你更有自信解决自身困扰,当然,也可以小到只是让你发自内心地会心一笑,得到好的心情或正能量。

想象一下，如果上述"指差确认"计划不是由两个热心朋友所执行的，而是由一个品牌推出的广告，有哪些品牌可以用？关心你足部问题的鞋子品牌可不可以？关心你求职状况的人力银行可不可以？消除疲劳的能量饮料可不可以？你应该可以联想到更多的品牌，只要修改一下海报上的字眼以符合品牌调性，就成了一个有意义的品牌营销事件。

但这样的案例之所以有意义，是来自于品牌传递出了"关心消费者，注意到别的品牌没注意到的细节，且愿意花心思让消费者开心"的信息，而不是一味只想到消费者口袋里的钱。如果你是消费者，看到一个"穿了这个鞋，跑起来就健步如飞"的广告，或是类似上述实验计划的品牌影片，你会不会想要和家人、朋友分享？

吐出一堆东西的提款机

2010年，可口可乐曾推出一部开心贩卖机（Happy Machine），外表和一般的饮料贩卖机没有不同，但投币之后，机器除了掉下消费者购买的可乐之外，竟然有只手拿出一个装满冰块的杯子，或是明明只买一罐，却接连掉出好几罐给你。这个案例是在一所学校中执行的，被"意外赠予"的学生们，看起来都开心极了，有些人拿到比萨，有些人拿到一个气球玩偶，最后竟然还从贩卖口跑出一个需要八个人才能搬动的超级大汉堡。

加拿大信托银行TD Trust或许是从Happy Machine的案例中得到的启发。它在2014年也推出了一部会说话的提款机"自动感谢机"（Automated Thanking Machine），负责给消费者创造惊喜。这机器的外表就和一般提款机长得一模一样，只有在你插入卡片，预备操作它的时候，才会发现这台机器不但会和你说"嗨"，还会和你互动，甚至准确说出你的名字，知道你最近发生的事情（不管是喜事还是难过的事），你也会因此得到相对应的礼物。

有的人得到额外的钱，有的人得到"无法从吐钞机里送出来的礼物"，像是一束花、飞往另一座城市探望亲人的机票，也可能是一套球衣，等等。如果你是那个幸运儿，是不是会开心地笑到合不拢嘴！读到这儿的你，是否和我一样好奇，为什么这台机器会知道顾客的名字，而且还了解他们的喜好、最近经历了什么事？

故事的真相是这样的：TD Trust银行在活动前就征召了分行员工，挑选出他们觉得值得接受这特别惊喜的顾客。然后邀请这些顾客"参与新ATM服务的测试"，但分行员工并没有告诉顾客将会得到特别的礼物。既然是特别挑过的，银行必然会选择那些比较有故事性的顾客。而这些故事，都是从顾客与分行员工平常的互动中所得知。也因此，银行就能提前知道这些顾客曾发生了什么事，也知道送出什么样的礼物会比较贴心。

在这波TD感恩活动（TD Thanks You）的活动中，有一名喜爱棒球运动的多伦多蓝鸟队的粉丝不仅得到蓝鸟队的球衣、球帽，更惊喜的是，TD Trust银行找来曾是大联盟全垒打冠军，现任蓝鸟队右外野手的荷西·包提斯塔（Jose Bautista），让他来亲自邀请这位幸运儿，成为"有钱都不一定可以实现"的球赛开球嘉宾。

最感人的个案，则是一位母亲，她的独生女在外地刚经历了一场治疗癌症的手术，TD Trust银行很贴心地送上来回机票，让她能够去探望住院的女儿。

TD Trust：不预期的惊喜，让自己脱颖而出

出其不意给人们意外惊喜，往往都能博得消费者的好感，瞬间让消费者的开心指数升高，而且几乎屡试不爽。TD Trust案例在网络上能被广泛传阅，是因为我们看不到演员，觉得这家银行真的帮助了影片中的角色。而人们在乎的也不是这礼物值多少钱或实不实用，他们在乎的是有没有惊喜以及是否在预料之外。

至于那些不在影片内的顾客，TD Trust银行也宣布，只要在2014年7月25日当天下午2点，无论是使用临柜，还是网络银行办理业务，每一位都会意外获得二十美元的支票。害我好想大喊一声："有钱的品牌真是霸气！"

请试想一下以下两种情境。情境一：你知道今天去百货公司通通都打对折；情境二：你挑了衣服，结账时店员突然和你说："恭喜你，你是我们第一万名客户，今天消费通通打对折。"哪一种会让你感到更加开心，会让你想要和家人朋友分享呢？

把握住这个要点之后，下次如果要规划活动，不妨试着想想"怎样创造出消费者不预期的惊喜感"，不需要特别增加赠品的等级与数量，更不用提高营销预算，只是一个让消费者心情好一点的改变，保证让你的活动成效瞬间翻倍！

第六节　务实路线的正确行走方式

其实，我对于本书是否要放入TD Trust银行案例有些纠结，症结点在于它毕竟是个形象宣传影片，不管剧情多真、不管替影片中人带来多少惊喜，"帮助这些人"绝对是为了"宣传品牌形象"而设计出来的一场秀，这是品牌企图让消费者看到的。然而实际上并不一定代表着这个品牌愿意帮助每一个顾客。毕竟我们并不会因为把钱存在这家银行，就获得比别家银行更多的利息；而信贷的放款与否，终究还是得评估你的还款能力和抵押品。

但无论是举牌站在站台上娱乐地铁驾驶员，还是提款机不吐钱却吐出更多令人开心的美好事物，这些案例的核心都在于努力创造有价值的、可被分享的美好事件。不一定要真的具备远大理想，不用牺牲自我去拯救世界，只要很务实地与日常营销结合，并与竞争对手区分开来，例如：把生硬的产品信息（贷款、保险、产品优缺点、选举政见）做成信息图表或"懒人包"，让人们更愿意阅读；或把促销降价增加一点玩心使其变得更有趣，在母亲节这天把没人想拿的折价券，换成一朵朵用优惠券折出来的康乃馨……以上这些做法上的差别，只在于多花一点心思去思考"怎么样创造价值"。多一点心思便能让原本的营销活动变得不同，从而对消费者产生意义。

> 许叔叔题外话：
> 　　你对银行的感觉怎样？是面孔冷冷的"照规矩办事情"，还是待人亲切的"有服务热诚"？我自己是累积了许多负面经历，例如银行财大气粗的形象、柜台行员冷冰冰的服务、客服电话总是很难打通、电话营销很骚扰人、发薪日的银行总是大排长龙、提款机接口设计不良、网银不仅限用IE还容易造成死机等，让我对往来银行的印象一直不算太好。但当我们的存款或往来金额达到一定数目时，银行人员又会登门拜访给你一种VIP的感觉，但实际上还是为了招揽业务。
> 　　正因为这种两极化的差别待遇，每当我看到有关银行的广告以十分正面的形象出现，例如 讲述乐于帮助贫穷人，礼遇想创业的年轻人等这种带有一点激励或正能量的故事时，我一般都会有点反感。

好乐门：为你特制的收据食谱

　　隶属于联合利华旗下的品牌好乐门，主要以生产色拉酱闻名。在巴西，好乐门与当地连锁超市St.Marche合作，结合POS系统以及庞大数据库的比对机制，在消费者毫无察觉的情况下，用大数据"偷偷地"在背后运作。

每次在结账时，当店员扫描购物商品的条形码，发现上面如果有好乐门的色拉酱，系统就会自动辨识此次购物品项还有哪些，然后将那些可供运用的东西加上好乐门色拉酱，就地取材组合成现成的食谱。例如消费者若购买了虾子和味噌，系统就变出一道"酥炸味噌虾卷佐好乐门色拉"食谱，直接印在收据上给消费者！

好乐门是不是很贴心？他不是送你一本印刷精美，却常常因缺少材料而无法完成的食谱，而是就地取材，让你可以好好利用这一次购物所买到的东西，一回家就能将它们变成美味佳肴的"收据食谱"。后来他们又推出一个加强版，直接"进攻"你家冰箱！很多人都有这样的经验：打开冰箱，面对冰箱里的一堆食材，却不知道该做什么菜。这回好乐门是从你的购物车进阶到你家的冰箱，目的同样是帮你解决吃什么的困扰。

消费者只要用Twitter发送自家冰箱里有哪些可用的食材，比如你输入青椒、红萝卜、大头菜、大蒜、白饭，附上#PrepareForMe的热搜词后发出。不需要下载App，也不用上某个网站，更不用打电话给你的奶奶求救，好乐门就会用Twitter回传一则"三色蔬菜炒饭"的食谱博文给你，而且这次连好乐门色拉酱的关键食材都不需具备，你输入任何食材都行，是不是感动到想哭来着？

这幕后功臣是一个同属联合利华集团的食谱网站——Recepedia。它根据网友输入的食材，将其做出实时比对，立即产出一个个特别定制的食谱来。下次清冰箱的时候，你会不会也想要用用看？

科技之所以高明就在于它悄无声息地改变着消费者的生活。

好乐门的这两个应用服务，除了"找出消费者的困扰，然后满足他"的观念让人感到出色之外，它还必须加上科技、合适的程序以及运算能力的配合，才能让消费者在这次活动中获得良好的体验，而不是让其成为一个只会耍花枪而不实在的噱头。

找出消费者的困扰，然后满足他，或是创造一个不可预期的惊喜。

第七节　怎样让促销变得有意义

Casa do Zezinho：价格不变，但产品只有一半

你一定买过促销季只要半价的产品。但如果这个模式变成"价格维持不变，但产品只给你一半"的促销活动时，你会有什么反应？厂商是疯了？傻了？还是你会忍不住多看产品两眼？在巴西的两家连锁超市，就推出了这样另类的半价产品活动，超市里有对半切的蔬菜、水果、面包、比萨……而这样的活动不但没有引起顾客抱怨，反而大受欢迎！因为……这是一个为孩童募款所举办的慈善活动。

Casa do Zezinho是一个公益团体，专门照顾低收入户，从六岁的孩童到二十一岁的青年都有覆盖。为了增加募款的收入，Casa do Zezinho想到了共享的点子——Half for Happiness。他们把食物对半切，放进原本装有完整一份食物的盘子里，并在盘子上印上说明文字，让你知道虽然你只得到了一半的食物，但另外50%的金额将可以帮助更多的孩童，使消费者在购买的同时，也达到了捐款的目的。

▲分享让更多人得到快乐。

一般人都知道做公益是一件好事，但许多时候面对路边募捐的人和捐款箱时，时常是无感走过，倒不是捐不起，也不是没有爱心,而是在那一秒路过的瞬间,这些捐款行为引发不起捐钱的举动。

Half for Happiness 的设计很有趣,你只需要和平常花一样的钱买一份一次可能吃不完的食物(当我们买了一整份后,有时是吃不完的),就能达到捐款的目的。

GAP:折扣取决于八只驯鹿

从没听过这么有趣的促销模式,GAP 找了八只驯鹿,让他们决定当天消费者可以享有什么样的折扣!你没看错,就是由这群驯鹿决定的。而且这八只各有名字的驯鹿,在当时还有专属的 Twitter 账号和 Facebook 粉丝官网!

此活动在圣诞节前夕展开,一共持续六天(12/15—12/20),这八只驯鹿都被装上了 GPS 卫星定位项圈,要来进行一场"看哪只驯鹿走得最远、走得最快、最接近北极,或是走得最慢……"的比赛。

每天一个目标,每只驯鹿都代表了不同的折扣,你只要到店说出当天获胜驯鹿的名字,就可以享有特定的折扣。例如:如果 Emma 赢了,所有商品都打六折;Zoe 赢了,女性商品打六折;如果冠军是 Cooper,则是全场买一送一;Chloe 获胜,所有配件都只要五美元……

通过活动网站可以看到即时影响,以及在地图上显示的每只驯鹿的位置,还很贴心地帮每只驯鹿制作了小档案,里面记录着获胜信息及网友加油打气的Twitter内容。这些影片在GAP的YouTube频道拥有一个影集,让这八只驯鹿就像真人偶像一样被围观。

我们在写促销活动企划案的时候,最怕算不出活动效益,估不出折扣费用,因为这样的企划书送上去,一定会被退回来说,"企划书?我看你写的是故事书吧?!"而GAP怎敢如此放心地将活动折扣交给一群不知道会不会迷路的驯鹿来决定?

说穿了,这一切都在GAP的掌控中,一天一个折扣,只要通通估算进去了就行。看似是由驯鹿来决定,实质上还是由GAP说了算,只是GAP很聪明地掌握了社交媒体的特性,让消费者与品牌的接触在买卖商品之后得以继续延续。但要怎样才能办到呢?

"分享一个好消息,今天到GAP的经营店面说出通关密语Zoe,就可以享受六折优惠哦!"

今天因为是驯鹿Zoe赢了比赛,在GAP结账时说出Zoe的名字就可以打六折!

想想,同样都打六折的促销,哪个信息会让你愿意在自己的Facebook上分享?或是哪个信息会让你想要主动了解更多?而且这个活动很有可能让你在那几天不断关注着。如果没有一个品牌与消费者关系持续发展的关键因素,那么消费者与品牌的互动,自然会在买完东西后就立即结束。

红牛：让人前赴后继的免费样品

红牛饮料在大家很流行使用"Facebook应用程序"来操作营销活动的那个年代，推出过一个很棒的真人实境的寻宝游戏——红牛藏宝游戏（Red Bull Stash）。我觉得如果放到现代（其实也没过几年）用玩精灵宝可梦的概念和技术来做，肯定会更加好玩。

红牛在全美各地藏了一箱又一箱的饮料，并且公布在Google Map上，提示线索等你来挖宝。只要按图索骥找到它，这一整箱的红牛就是你的。拜现在科技所赐，你不需要是印第安纳琼斯（《夺宝奇兵》）、内森·德雷克（《神秘海域》）或是劳拉·克劳馥（《古墓丽影》），也可以感受到神秘、未知、冒险的体验。

这类真人寻宝游戏有个专有名词——Geocaching。意思等同于地图+GPS+宝藏。世界各地都有同好，台湾曾经出现过一个专属网站，藏宝的地点通常都用经纬度来呈现，而在宝藏点则会进行伪装。

红牛把这个游戏的精神，略作修改后搬到Facebook上。只要输入你所在地区的邮政编码，地图上就会显示在你附近还有哪些待寻的宝藏，并给你一个有地址和指示说明的信息，例如这宝藏在一个大厅玻璃雕像的下方，然后给你一些提示。当你找到这个免费的宝物后，按照规定你必须在网上昭告天下

"什么时间、是谁、怎么找到的"的信息,才不会让下一个人白跑一趟。

"什么时候你在路边试吃后,回家会兴奋地发到网上?"不用付出努力的可能不会;新奇、好玩,经过努力获得的才会。

红牛要送样品给你试喝,为什么大费周章、故作神秘呢?消费者原本被动且看心情才决定要不要给你一个试吃机会,为什么现在心甘情愿、前赴后继地去寻找你家的产品?

这一切都是因为活动是经过设计的。

"上传照片、告诉你在Facebook上的亲朋好友,或是上Twitter、Blogger发布消息……",这些举动不用红牛规定,我们也会乖乖地这么做。红牛为此赚到了×××的宣传效果,消费者则获得了一个值得分享的、难得的体验。双赢!

强生婴儿:怎样让营销不只是营销?

强生婴儿(Johnson's Baby)推出了一款"背奶妈妈"的活动。"背奶妈妈"是中国特有的名词,意指生育后因工作不能在家做全职妈妈,得利用工作空档储存母乳给宝宝第二天食用的职业妇女。因为一般企业并没有专为"背奶妈妈"准备哺乳室,使这些妈妈们能够有尊严、不被打扰、舒适地储奶,以至于她们需要在无人的会议室角落、厕所、储藏室等杂乱空间进行,而且还得时刻担心被同事无意闯入。你说,在这样恶劣的环境下为下一代"准备好明天的力气"的质量怎么会好呢？

所以，强生发起了"背奶妈妈"活动：通过呼吁、申领、分享三部曲，让完整的实体与虚拟串联，来协助这群妈妈改善储乳时的困境。

第一步：在企业大楼电梯间的电视与网络上播出倡导影片，诉说"背奶妈妈"所面临的困境，以及可以立即改善的有效方法。

第二步：在强生官方微博"强生婴儿新妈帮"上开放申请免费的"临时哺乳室"告示牌，可将它贴在你需要储奶的空间的门上。如此一来，妈妈们就可以安心地使用空间。

第三步：鼓励网友分享"哪里有哺乳室"的信息到网站的地图上，当妈妈们外出时，就可以通过手机找到临近的哺乳室了。

消费者有没有因为你的品牌存在而让自身生活变得更美好，就算不通过使用你的产品也感受得到。

"以消费者为本"是所有营销的最高指导原则，只是大部分的时候我们只在意消费者愿意从口袋掏出多少钱。"背奶妈妈"的例子带我们回到了"以顾客为中心"这个准则上：不是直接从卖产品出发，而是重新将产品与潜在消费者所在意的点联系起来。

强生婴儿卖的是和婴儿身体有关的产品,像是沐浴乳、润肤、爽身等。在背奶妈妈的活动中,这些东西都不是主角。但对于强生婴儿的消费者,也就是这些妈妈们来说,强生却帮她们解决了一大困扰,即便当她们在储乳时,使用的不是强生的产品,也能感受到强生想要致力于成为"妈妈的好伙伴"的信念。如果你是受惠的妈妈,当下次你需要购买与婴儿身体有关的清洁用品时,会立即想到哪个品牌?

当然,如果你的产品能够直接满足消费者所在意的点,那就再好不过了!但如果不容易从产品延伸出对消费者有意义的事,不妨学学强生,跳出产品的框架,从产品的用户身上找到更有意义的营销方式!

宜家:新店开幕,让居民自发帮忙搬家

对许多线下实体店而言,"新店开幕、搬迁",不过就是另一个举办新店促销、提供会员独享等活动的好时机,可是对于宜家而言,却聪明到不但创造了业绩,还做到了"让忠诚客户帮你宣传"的目的。究竟宜家是怎么办到的!?

远在挪威第二大城卑尔根市,有一家已经运营了28年的宜家老门市,在2012年终于要搬迁到一个占地超过11000坪(1坪约为3.3平方米)、更现代化的新家,而且距离旧址就只有300

米远。

每个人都需要别人帮忙搬家，宜家也是。

对于一个比台北市大安区人数还少，大约只有26万居民，其面积有1.7个台北市大的城市，宜家并没有因此少了宣传的通道，除了在报纸、杂志、户外广告牌、社群媒体以及官网上广为告知之外，其宣传重点不是放在新店开幕促销大降价上，而是"宜家需要你的帮忙，帮我们搬家！"。宜家想要募集热心的市民，义务协助宜家做这些事：帮我们种下第一棵树、保管儿童游戏间的彩球、担任演讲人、与市长一起剪彩、装扮成小丑……

这些任务通通被放在官网上后（可惜这个网页已经不存在了），不但一下就被卑尔根市民认领完毕，甚至市民们还开创了一些不在列表内的任务，而且自告奋勇地要来完成。例如有人愿意表演跳舞、跳伞、演奏乐器，甚至挪威Hip Pop歌手Lars Vaular也自愿要来现场演唱等。

创造消费者的参与感，就是打造一件消费者做得到，而且他们也认为有意义的事。

宜家很巧妙地设计了一个让消费者可以参与，同时也有效传达了新店开幕信息的活动。这些会主动参与的人，当然不会是从来没有在宜家消费过的顾客，而是那些对宜家这个品牌认同的人，他们都是这个品牌的忠实粉丝，甚至愿意担任传声筒的角色（我找过许多资料，都找不到参与这个活动的人能否获得额外奖励或折价券这样的实质性回馈）。

宜家用一场搬家活动的任务，创造了一个让这群人生命中有记忆点、增加生活价值，而且是一件他们做得到、愿意做、有意义的事。

对消费者有意义的营销，不需要是做了会"光宗耀祖"的大事，而是一点点小小的认同，让消费者觉得被关心、被肯定，觉得在这个世上他们正被别人需要着的那种心情！而这正是有意义的营销的精髓所在。

雪佛兰：改变我们人生的品牌，没有人会忘记

你对出租车司机的印象是什么？没礼貌、没水平，还是没文化？

雪佛兰汽车知道大众对出租车司机的印象不佳，至少不会有人认为这些人是社会的中坚分子。在哥伦比亚首都波哥大有十万个人以开出租车维生，普遍来说这群人教育程度偏低，对未来没什么规划，也从来没有人教他们"怎么当个称职的出租车司机"。因此雪佛兰汽车发起宏愿，想要改变这一切。基于此，他们决定免费帮这群出租车司机开办一所出租大学！

　　这个大学没有限制报名者得开雪佛兰才可以加入，他们欢迎驾驶着任何汽车品牌的司机来参与这个课程。雪佛兰规划了约一百三十个小时的课程，其中包括计算机、外语、商务、管理，等等，每周五小时，一共六个月的时间，课程时间可以配合司机的时间来进行弹性调整。除此之外，在课外还有每周三十分钟，通过电台放送补充课程，方便司机们边开车边听。学业结束后，就可以取得"乘客服务管理技术员"（Technicians in the Administration of Individual Passenger Services）证书。

　　虽然这不是个正式的学位，雪佛兰还是很用心地仿造大学的规格，让这群学有所成的司机们穿上学士服，举办公开的毕业典礼。这样一个看似花大钱，且对产品销售没有立竿见影效果的营销行为，对品牌好感度的建立却是十分深远的。

　　在许多时候，消费者与品牌的关系不是依附于使用产品所带来的利益，而是这个品牌对我有什么价值。

▲消费者享受的是品牌给自己带来的价值体验。

经过努力所建立的这层紧密的关系中,可不是其他品牌降价促销就可以轻易转移的!

本篇接近完成时,恰好看到运动品牌阿迪达斯首席执行长卡斯伯·罗思德(Kasper Rorsted)公布2016年第四季财报。当他谈到在线销售和互联网营销时,说道:"年轻一代的消费者主要通过行动装置参与到阿迪达斯品牌的营销中。因此,数字互动会是阿迪达斯最关键的营销手段,你们以后将看不到任何阿迪达斯的电视广告。"在未来几年中,将会转移到互联网战略上,将互联网化融入品牌价值的每一个环节。

第八节　如何察觉出消费者的核心需求

互联网营销产业的变化很快，每隔几年就会面临一波新的转型，如果不改变就会被迎头赶上，甚至被淘汰出局。因此很多人会设法让自己在掌握信息和求知欲这两个方面，保持持续更新状态。在这本书中我们分享了将近一百个案例，有新的也有旧的，但我们重视的不是案例本身，而是他们背后的思考。

我自己也是花了好几年时间才弄清楚的。问题的核心并不在于怎么想创意或怎么写文案或该采用什么技术或平台，虽然这几件事可能是我们赖以维生的技能，但能让我们更上一层楼的却是看能否从许多不同的角度去看待一件事，也就是思考面的扩大与转换。就像我们在本书中用不同方式提了许多次的——消费者洞察。

有些品牌可以在互联网时代获得消费者的青睐，而有些却开始失去关注，也有些品牌只做了一件事就获得成功。他们到底是怎么想的？他们从哪些角度去接触消费者？有哪些新尝试？有哪些动作失败了？有哪些已经过时了？有哪些至今仍历久不衰？背后有哪些心理学？等等。

消费者洞察几乎可以说是我们处理广告业务的核心技术，但这项技术需要很多年的经验和学习。好的洞察，不只是消费者使用产品上的问题，而是更进一步从使用产品或光顾一家店最原始的目的来发掘，找到他们有什么期待和困扰。品牌该说的并不只限于商品优势，而是实现了消费者心中的哪一块，帮助他们完整了人生或生活中的哪个部分，这样才有可能成为他们心目中的首选。

我相信营销并不只是"不断做出酷炫的案例""想几个Idea设法卖掉更多的东西"或"办几个活动赚一些粉丝"，而是"在剧烈的产业竞争之下，如何让消费者更愿意接近我的品牌"。如果我们拥有明确的品牌核心，在这种前提下怎么说都会是对的。

我所从事的互联网营销工作，表面上是帮品牌写写文章、做做网站、办办活动、拍拍影片……，但真正的营销工作是从各方面去创造独特的品牌体验，设法让消费者感受、喜爱并散播出去。写文章是这样的逻辑，做网站、写开箱文、办网络活动、拍影片、开直播也都遵循这样的逻辑。

创造一个成功又赚钱的品牌，需要三年、五年，甚至更久的时间。不仅仅是包装，不仅仅是话题性或流行性，我们可以在日常生活中训练自己，养成一种职业病，每当发现一个受欢迎的品牌，就立刻把能搜寻到的资料通通看一遍，或是动身前往现场，实地体验并挖掘出他们的消费者洞察是什么。我在演讲或课堂上常推荐一个影片：《伟大的领袖如何鼓动行为》，这是TED最多观看数的前十名，《先问，为什么？》

（*Start With Why*）一书的作者西蒙·斯涅克（Simon Sinek）提出黄金圈的概念，从为什么到怎么做，然后是什么，没想到竟和我们做广告的逻辑如此相似。在寻找Why的过程中，我们能够重新思考品牌与沟通，在此也将这个思考逻辑推荐给你。

致　谢

本书是将2014年到2018年刊载于《Motive商业洞察》《米卡的营销放肆》《桑河数字博客》这几处的营销专栏，由我和米卡改写而成的。虽然我们在网络上写作已经超过十年，阅读量可能有几千万吧，但仍可以说是我的第一本书，除了做些文字记录之外，可能还要唱几首歌，跳几段舞，才能表现我的喜悦。

决定开始经营《Motive商业洞察》，是因为其他四位股东——施俊宇（Mouse）、郭睿杰（Rick）、张文健（Calvin）、刘训廷（小P）前瞻性的投资，他们认为营销产业的年轻人需要一些激励，希望可以通过Motive做出更广泛的影响和教育。我们只聊了一下下，就决定去做了！有可能原本就拥有一些读者基础也有些冲击性话题的我，加上思考逻辑清晰，原本就在业界广受好评的米卡，是他们心中办媒体的不二人选吧。

从当时妻子雪莉画出第一张商标草图开始，Motive已迈入第五年，不管在经营或内容上都做了很多改变，我们今年还会开始制作在线影音的营销课程。从每期仅四篇文章开始，陆续加入了众多协作者，因为有他们的协助才使得内容越来越丰富。

然而不管路怎么走，我们的初衷都未曾改变，一如站名Motive，我觉得"动机"会决定我们即将到达的位置。幸好也如同我们所期待的，很多从事营销工作的年轻人及品牌都开始反思，愿意和我们一起讨论，甚至已经着手改变。

广告让我扎实投入了二十年，也真的是一件很有趣的事。但当我明确知道，广告不只是搞搞创意、拍拍影片、做做设计，或是为了提升销售业绩而存在着。广告人还"必须"为了更好地销售数据，为了拿到广告奖，为了在比稿中获胜，为了拿到预算，为了提高营业额等目的而无所不用其极。整件事情也就"不纯然"的有趣了。

"创业""当老板""做品牌"也是一件很有趣的事。但过了二十年之后我当然清楚，创业不只是把我们擅长的事情包装起来然后销售出去，而是包含了产、销、人、发、财（至少）这五点，而且长达一二十年充满着未知、挑战、竞争、失眠、寂寞……还默默影响了无数员工甚至更多人的未来。也正因如此，整件事情就"不得不"严肃起来。

我是台湾的第一代网络创业者，《互联网时代》杂志创刊号第三期的封面故事中就有我，互联网营销崛起之后我变成数字广告人，很多行业都随着网络化彻底翻盘。

无论在哪一个阶段，经历过什么辛苦或失败，除了我已逝的奶奶和父亲之外，还有几位叔叔们、雪莉、众前女友们、各位曾伴随桑河的客人们和同事们，我都想感谢。

创业和广告不仅让我感到无比的快乐，更是持续让我成长了二十年，所以此生应该可以说是无憾了。而在我决定从习以为常的工作中抽离（咳……嗯……我打算退休了）并进入下一个二十年时，能够与米卡一起完成这本书，也的确深感荣幸。

《Motive商业洞察》的协作伙伴们：林芳任、徐诗尧、Julia、Ada、江江、鲔鱼、大师、蔡京津、徐瑜瑨、梁书华、穆薇、侯渝琪、杨惠宇、黄羿绫、高苇庭、周政池、陈睨、罗育慈、董苇琳、苏柔玮。很感谢你们！

桑河数字暨《Motive商业洞察》创办人

许子谦Johs（许叔叔）